Beiträge zur Gesellschaftspolitik

Herausgegeben vom
Bund Katholischer Unternehmer e. V.
in Zusammenarbeit mit der
Vereinigung zur Förderung
der christlichen Sozialwissenschaften e. V.

D1670611

Wilfrid Schreiber

Die Botschaft
des sozialen Friedens

Verlag J. P. Bachem in Köln

CIP-Kurztitelaufnahme der Deutschen Bibliothek

Schreiber, Wilfrid:
Die Botschaft des sozialen Friedens / Wilfrid Schreiber.
Köln : Bachem, 1984.
  (Beiträge zur Gesellschaftspolitik; 23)
  ISBN 3-7616-0745-8
NE: GT

1984
© J. P. Bachem Verlag, Köln
Satz und Druck: J. P. Bachem, Köln
Printed in Germany
ISBN 3-7616-0745-8

Inhalt

Vorwort

Das Jahr 1984 ist für den Bund Katholischer Unternehmer in zweifacher Hinsicht ein Jahr des Gedenkens. Vor 35 Jahren, am 27. März 1949, wurde der BKU als vierter katholischer Sozialverband gegründet, nachdem sich die anderen sozialen Stände – Arbeiter, Handwerker, Kaufleute – schon Jahrzehnte zuvor in der Kirche organisiert hatten. Mit der Gründung des BKU findet die katholisch-soziale Bewegung ihre Ergänzung um das unternehmerische Element.

Gründung und Entwicklung des Bundes Katholischer Unternehmer sind auf das engste mit dem Namen eines Mannes verbunden: Wilfrid Schreiber. Von 1949 bis 1959 war Wilfrid Schreiber Geschäftsführer des BKU, danach – als Ordinarius für Sozialpolitik an der Universität zu Köln – bis zu seinem Tode am 23. Juni 1975 dessen wissenschaftlicher Berater. Am 17. September 1984 wäre er 80 Jahre alt geworden.

Wilfrid Schreiber war wohl einer der originellsten und kreativsten Vertreter der wissenschaftlichen Disziplin Sozialpolitik in der Zeit des Wiederaufbaus der deutschen Gesellschaft nach dem Zweiten Weltkrieg. Es kann dies nicht der Ort sein, sein Verdienst um die deutsche Sozialpolitik zu würdigen. Hingewiesen sei nur auf die Tatsache, daß er als „Vater der dynamischen Rente" in die Geschichte der Sozialen Marktwirtschaft eingegangen ist. Das wissenschaftliche Konzept zur Rentenreform entwickelte Wilfrid Schreiber; im BKU fand er die Gesprächspartner aus der wirtschaftlichen Praxis und die politische Plattform zur Verwirklichung seiner Ideen.

Aus Anlaß des 35. Jahrestages der Gründung des BKU veröffentlichen wir drei Texte von Wilfrid Schreiber, von denen wir glauben, daß sie auch heute noch wegweisend sind.

„Der Beitrag des BKU zur Selbsterkenntnis des Unternehmers" ist ein Vortrag, den er am 11. März 1951 – zwei Jahre nach der Gründung des BKU – in Freiburg gehalten hat. Von ihm schrieb er 1972 in einer persönlichen Notiz, daß dies wahrscheinlich sein bester Vortrag vor dem BKU gewesen sei. Man möge ihn nach seinem Tode anstelle eines Nekrologs veröffentlichen.

Der zweite Text ist ein Vortrag, den Wilfrid Schreiber am 16. März 1954 – zwei Jahre später – vor dem „Bonner Kreis" des BKU, einem Gremium von Parlamentariern und Regierungsmitgliedern, gehalten hat: „Gedanken zu einem Sozialen Konzept der katholischen Unternehmer".

Der dritte Beitrag, „Die Botschaft des sozialen Friedens", ist der letzte große Vortrag von Wilfrid Schreiber (1972). Wir wissen, daß er diese Botschaft als sein Vermächtnis betrachtete. Ihr fühlt sich der BKU verpflichtet.

Köln, 24. März 1984

Dr. Franz Greiß   Dr. Johannes Stemmler

Der Beitrag des BKU zur Selbsterkenntnis des Unternehmers*

Der Unternehmer, der seine Position im Ganzen der heutigen Gesellschaft zu bestimmen, seine Aufgaben und seine Verantwortung als Christ und Unternehmer gegenüber dieser Gesellschaft zu erkennen sucht, findet sich nicht selten vor einem ernsten Dilemma. Daß der alte Liberalismus als Ordnungsprinzip von Wirtschaft und Gesellschaft keine tragbare Lösung war und ist, hat die Geschichte hinlänglich bewiesen, und die Kirche ist seit Ketteler und Leo XIII. nicht müde geworden, es uns vor Augen zu führen. Andererseits aber bejahen wir als Unternehmer die marktwirtschaftliche Ordnung, die allein der Entfaltung und Bewährung des unternehmerischen Menschen Spielraum bietet; und beide – der alte Liberalismus und die neue Marktwirtschaft – berufen sich auf die gleiche ökonomische Theorie und suchen in ihr ihre moralische Rechtfertigung. Es liegt also recht nahe, zu folgern, Liberalismus und marktwirtschaftliches Denken seien im Grunde doch das gleiche, und das Wörtchen „sozial", das wir heute der Marktwirtschaft voranstellen, sei eben nur ein schmückendes Beiwort, geprägt von gutem Willen, aber keineswegs legitimiert durch Grundsätze und Grunderkenntnisse. Der Verdacht wird bestärkt, wenn man erkennt, daß der soziale Charakter der Marktwirtschaft, die wir seit 1948 praktizieren, doch mehr oder weniger Programm geblieben ist, das seiner Erfüllung noch harrt. Trifft also der Bannstrahl der Kirche gegen den Liberalismus zugleich auch die Marktwirtschaft, zu der wir uns bekennen?

---

* Vortrag auf einer BKU-Veranstaltung in Freiburg i. B. am 11. März 1951

Wenn dem so wäre, so wäre dem christlichen Unternehmer der sittliche Boden entzogen, auf dem er zu stehen glaubte, und ein BKU wäre dann erst recht existenzunfähig.

Marktwirtschaft ist nicht gleich Liberalismus

Am Anfang der Selbstbesinnung des Unternehmers muß daher die Erkenntnis stehen, daß die marktwirtschaftliche Ordnung, die uns vorschwebt, wirklich etwas neues und etwas anderes ist als der Liberalismus; daß sie auf klaren sozialen Konzeptionen beruht, die wirklich geeignet sind, die Schäden der heutigen Gesellschaft, die Proletarität, das soziale Unbehagen, die extrem ungleichmäßige Einkommens- und Vermögensverteilung, an der Wurzel zu fassen. Und wir müssen uns den Widerspruch erklären, der darin besteht, daß doch auch der Liberalismus behauptete, die Logik der ökonomischen Theorie auf seiner Seite zu haben.

Es geht uns, wenn wir diesen Dingen auf den Grund zu kommen suchen, nicht – zumindest nicht in erster Linie – darum, uns mit polemischen Argumenten wider den orthodoxen Sozialismus zu wappnen; es geht uns zunächst und am meisten um ehrliche eigene Erkenntnis und Selbstbesinnung.

Es ist meine Aufgabe, Ihnen darzulegen, wie aus der zweijährigen Arbeit des Bundes Katholischer Unternehmer die Grundlinien einer solchen Selbsterkenntnis und Selbstbesinnung entsprungen sind. Nicht eigentlich als bewußt angestrebtes Arbeitsergebnis, – denn wir sind ja kein wissenschaftlicher Debattier-Klub, sondern sozusagen als ein unmerklich heranreifendes Nebenprodukt aus dem Nachdenken vieler einzelner und unzähligen Aussprachen und Diskussionen in kleinerem oder größerem Kreis. Es ist auch kein fertiges System, sondern nur eine Vielheit von

Ansätzen, die noch sehr der sorgsamen Ausgestaltung bedürfen; aber – wie ich hoffe – doch schon ein tragfähiger Anfang, der zum Zu-Ende-Denken verlockt und dem tätigen Unternehmer die richtigen und zielstrebigen Maximen des Handelns an die Hand gibt.

Des Rätsels Lösung ist einfach die, daß der Liberalismus, der sich so gern mit dem Nimbus der wissenschaftlichen Unfehlbarkeit umgab, wenn er auch an geistiger Arroganz noch bei weitem von seinem Zwillingsbruder, dem marxistischen Sozialismus, übertroffen wurde, nicht anders als dieser die Wirklichkeit des Lebens durch eine ganze Serie von trivialen Vergröberungen und unerlaubter Vereinfachungen entstellt hat und auf das so verzerrte Modell die an sich unschuldige und ethisch indifferente ökonomische Theorie anwandte. Diese ökonomische Theorie läßt den Menschen von einer Vielzahl von Bedürfnissen beherrscht sein und von dem ökonomischen Prinzip, das ihn veranlaßt, die Befriedigung dieser Bedürfnisse im höchstmöglichen Grade zu erstreben. Mit Hilfe dieser Hypothese gelang ihr der großartige Aufbau des Gleichgewichts-Systems, das die Daten der Wirtschaft als Ursachen mit den Erscheinungen der Wirtschaft als Wirkungen in kausaler Verknüpfung darstellt.

Nun sind aber die Bedürfnisse des Menschen von sehr verschiedener Art. Ein Teil von ihnen kann mit materiellen Mitteln befriedigt werden. Aber das sind bei weitem nicht alle. Um das Verhalten des Menschen vollständig zu beschreiben, müssen außer den materiellen Bedürfnissen auch sehr wesentliche andere Antriebskräfte des Handelns in Betracht gezogen werden. Ja, diese nicht-materiellen Bedürfnisse, um in der Ausdrucksweise der Wirtschaftstheorie zu sprechen, haben vielleicht eine viel stärkere bestimmende Kraft. Denken wir etwa an die religiösen, die sittlichen, die geistigen, die sozialen Bedürfnisse. Die Bedürfnisse, die das menschliche Handeln bestimmen, reichen durch alle Wertstufen, von der niedersten bis zur höchsten. Sie alle leisten, wenn sie befriedigt werden, einen Beitrag zum Wertniveau des handelnden Subjekts, d. h. sie alle sind mitbestimmend für die Sinnerfüllung des Lebens.

Was aber hat der praktische Liberalismus aus dieser Vielgestaltigkeit gemacht? Er hat in seinem Drang nach Vereinfachung und Rechenhaftigkeit dieses reiche Bedürfnis-Spektrum rigoros zusammengestrichen und fast nur noch die materiellen, die „wirtschaftlichen" Bedürfnisse, die der untersten Wertstufe angehören, gelten lassen. Das vereinfachte den Tatbestand natürlich ungemein und machte das Weltgetriebe auch dem geistig Minderbemittelten verständlich. Wir erkennen es heute immer klarer: Der Materialismus, dessen Verkünder sich so viel auf ihre vermeintlich überlegene Verstandesklarheit zugute taten, war nichts als ein aufatmend betretener Notausgang, eine Kapitulation beschränkter Vorstellungskraft vor der Vielgestalt der Wirklichkeit. Diese Vergröberung ermöglichte es, alle Werte auf den einen Nenner Geld zu bringen, – die Todsünde des praktischen Liberalismus. Aus dem Streben nach der höchsten Sinnerfüllung des Lebens wird durch einen Taschenspieler-Trick das Streben nach dem größten Geld-Einkommen. Und die richtige Schlußfolgerung aus dieser falschen Prämisse war u. a. der Fundamentalsatz der liberalen Vulgär-Ökonomie: Wenn jedes Subjekt ungehemmt seinem Gewinnstreben nachgeht, so entsteht die beste aller Welten. Damit wurde im Herzen des wirtschaftenden Subjekts die Stimme des Gewissens beurlaubt und die Habsucht als einzige und gemeinwohlfördernde Triebkraft sanktioniert.

Ich brauche wohl nicht zu betonen, daß nicht etwa die ökonomische Theorie diese Thesen vertritt. In der Konzeption der ökonomischen Theorie sind selbstverständlich auch die nicht-materiellen Bedürfnisse mit enthalten. Es ist die christliche Soziallehre und nicht der praktische Liberalismus, der sich auf das Zeugnis der ökonomischen Theorie berufen darf. Es war ein wenig kurzsichtig und hat unserer Sache und der Klarheit unserer eigenen Willensbildung beträchtlich geschadet, daß in der Vergangenheit manche christlichen Sozialtheoretiker ihren berechtigen Zorn auf den Vulgärliberalismus etwas unbedacht auch auf die liberale Theorie übertragen haben.

Zu welchem Zerrbild die Vulgärökonomie des Liberalismus die Wirklichkeit des Lebens entstellt hat, erkennen wir vielleicht am besten an der Art, wie sie den Typus des Unternehmers in ihr System einordnete. Die Vulgärökonomie begreift den Unternehmer als den Typus, dessen Handeln allein vom Gewinnstreben beherrscht ist, und diese Karikatur des Unternehmers ist noch heute in der sozialistischen Kritik maßgebend. Sie alle wissen, wieviel davon wahr und wieviel falsch ist. Allerdings ist die Rentabilität eines Unternehmens ein entscheidender Maßstab für den unternehmerischen Erfolg und das wird und muß auch so bleiben.

In den schöngeistigen Salons ist es neuerlich Mode geworden, das Gewinnstreben schlechthin zu verteufeln. Das ist wiederum nichts als ein kitschiges Mißverständnis. Die Sorge um Rentabilität ist ein höchst honoriger Impuls, der letztlich der Allgemeinheit in stärkerem Maß als dem Unternehmer selbst zugute kommt. Diese Feststellung ist durchaus verträglich mit der anderen, daß das Vorkommen relativ großer Unternehmergewinne stets ein untrügliches Zeichen für die zeitweilig nicht im Gleichgewicht befindliche oder dauernd von Monopolen überschattete Wirtschaft ist. Aber ich wage zu behaupten, daß es nie einen wirklichen Unternehmer gegeben hat, dessen Handeln allein von der Sucht nach Wohlleben und Luxus bestimmt war. Viel stärker als dieses Motiv war und ist bei jedem wahren Unternehmer die Freude am Gestalten und Verwirklichen schöpferischer Ideen, am Aufbau einer starken und gesunden Firma, das Gefühl der Verantwortung und der Fürsorgepflicht gegenüber den in seinem Dienst stehenden Mitarbeitern, d. h. ein Bündel von durchaus nicht-materiellen Bedürfnissen.

Verantwortung gegenüber dem Mitarbeiter . . .

Damit berühren wir den Kern unseres Themas. Eine Fülle von Zeugnissen aus der Zeit des Früh- und Hochkapitalismus suggerieren uns die Auffassung, daß dieser sittliche Impuls dem liberalen Unternehmer gefehlt habe. Aber wir tun gut daran, diesem globalen Urteil mit etwas Skepsis zu begegnen. Gewiß wird es in der Zeit des Liberalismus manche Unternehmer gegeben haben, die im Sinne der liberalen Vulgärökonomie glaubten, ihre Pflichten gegenüber ihrer Belegschaft seien mit der pünktlichen Auszahlung des frei vereinbarten Lohns vollkommen erfüllt. Vielleicht war diese Überzeugung sogar sehr verbreitet, aber dem muß man sogleich hinzufügen, daß längst nicht alle, ja vielleicht die wenigsten Unternehmer kalten Herzens die Konsequenz aus dieser Überzeugung gezogen und ihr gemäß gehandelt haben.

Nicht minder zahlreich als die vielzitierten Zeugnisse kaltschnäuziger Ausbeutung sind die viel seltener zitierten Zeugnisse von Unternehmern, die stets ein warmes Herz für ihre Belegschaften hatten, sich für sie verantwortlich fühlten und bedeutend mehr für sie taten, als die geltende liberale Meinung ihnen zur Pflicht machte. Ich wage zu behaupten, daß kaum je ein Unternehmer durch die fühllose Doktrin des vulgären Liberalismus die Stimme seines Gewissens hat beschwichtigen lassen. Sie haben es, von wenigen unrühmlichen Ausnahmen vielleicht abgesehen, an Fürsorge und echter Teilnahme für ihre Arbeiter und Angestellten nie fehlen lassen, wenn auch vielleicht in dem selbstgefälligen Bewußtsein, aus freien Stücken mehr zu tun als sie mußten. Das etwa ist das Charakterbild des guten, aufrichtigen, wohlmeinenden Unternehmers, wie er im 19. und weit bis ins 20. Jahrhundert hinein in tausenden von Exemplaren gelebt hat: das Bild des Patriarchen.

Wir haben keinen Grund, den Typus des patriarchalischen Unternehmers zu verunglimpfen. Er war ohne Zweifel ein Typ von großem sittlichen Ernst und echtem Verantwortungsgefühl. Im Bewußtsein der – sehr oft tatsächlich vorhandenen – Unzulänglichkeit und Unselbständigkeit seiner Untergebenen forderte er bedingungslose Unterordnung unter seine fürsorgerische Weisheit und Gerechtigkeit, nahm dafür aber auch – nicht viel anders als der echte Typ des Feudalherrn im Mittelalter – stillschweigend und selbstverständlich die Sorge um das Wohlergehen seiner Schutzbefohlenen in und außer dem Betrieb auf sich. Ich bin überzeugt davon, daß dieser bei aller Selbstherrlichkeit warmherzige Patriarchen-Typus auch in der Hochzeit des Liberalismus der vorherrschende war.

Und doch kommen wir um die Erkenntnis nicht herum, daß der patriarchalische Unternehmer heute ein Anachronismus geworden ist. Die Einsicht, daß es heute unmöglich ist, auf dem sittlichen Standpunkt des Patriarchen zu verharren, ist vielleicht eines der wesentlichen Teilstücke der Selbstbesinnung und Selbsterkenntnis, zu der die im BKU zusammenge-

schlossenen katholischen Unternehmer einander ver-
helfen.

... als Ebenbild Gottes, nicht „homo oeconomicus"

Was ist geschehen? Warum ist, was im 19. Jahrhundert gut und angemessen war, im 20. nicht mehr gut,
nicht mehr angemessen, ja unerträglich und herausfor-
dernd? Die Zeiten haben sich geändert und wir müssen uns mit ihnen ändern. Die Zeiten, d. h. die
Umwelt, in der wir stehen, die Struktur der Gesellschaft, deren Teil wir, aber auch unsere Arbeiter sind.
Und warum sind es gerade die katholischen Unternehmer, denen die Notwendigkeit einer Neubesinnung,
einer Neuorientierung ihres sittlichen Willens am
stärksten auf der Seele brennt? Weil unsere katholische Kirche durch ihr höchstes Lehramt, durch den
Mund der Päpste, mit einer Klarheit und Weitsicht,
die wir ehrfürchtig bewundern, früher als jeder andere
Warner und Rufer ihnen diese Neubesinnung und
Neuorientierung zur Pflicht gemacht hat. Der Zen-
tralpunkt, um den sich die Gedanken der Sozialenzy-
kliken bewegen, ist die Personenwürde des Arbeiters.
Gedenke, daß auch der letzte deiner Arbeiter ein
Mensch ist, ein Ebenbild Gottes, begabt mit einer
unsterblichen Seele. Nicht ein homo oeconomicus
nach der Vorstellung der liberalen Vulgärökonomie,
dessen Wohlsein sich allein nach der Größe seines
Realeinkommens bemißt, – ein Mensch mit einer
Seele, mit Wünschen und Hoffnungen, mit Ehrgeiz
und Sehnsüchten, mit der Fähigkeit zu lieben und zu
hassen, ein Mensch, der nicht allein vom Brote lebt.
Achtung vor der Personenwürde des Arbeiters, – das
ist etwas mehr als die triviale Aufforderung, den
Arbeiter gut zu behandeln, das ist – ich möchte sagen
– ein religiöser Auftrag, auch ein Forschungsauftrag

an den Verstand und Intellekt. Die Päpste selbst, Leo XIII. in Rerum novarum, Pius XI. in Quadragesimo anno, aber mit ganz besonderem Ernst auch Pius XII. in seinen sozialen Ansprachen, präzisieren diesen Auftrag in bestimmte Richtungen und stellen ihn vor den weiten Horizont der Gesellschaftspolitik. Welche unabsehbare Fülle von politischer Weisheit und Lebenserfahrung steckt in dem einen Satz von Pius XII., daß die Sozialpolitik herkömmlichen Stils ihre Mittel erschöpft hat und hart an eine Grenze stößt, jenseits welcher ihre wohltätigen Wirkungen jählings ins Gegenteil umschlagen müßten. Hier geht es nicht mehr allein um Wirtschaft, um Unternehmer und Arbeiter, nicht um ein Aushandeln von Gesetzesparagraphen, sondern um die Quintessenz des Weltkampfes, der um uns entbrannt ist und in vielfältigen Formen, als Ost-West-Gegensatz, als Kampf der Ideologien, als soziale Frage, doch immer kreist um die Alternative Gott oder Nicht-Gott, wie seit Anbeginn der Welt.

Gott erleuchte den Unternehmerstand

Der vierte Stand, das ist das Novum unseres Jahrhunderts, ist zum Bewußtsein seiner Mündigkeit erwacht. Mag diese Mündigkeit im Einzelfall noch so unzulänglich sein, auch ein irriges Bewußtsein ist eine gesellschaftspolitische Kraft. Und wenn ich die Botschaft Pius' XII. richtig deute, so sagt er uns: Ihr, die Ihr heute noch die Initiative in der Hand habt, also auch Ihr Unternehmer, wenn Ihr fürderhin in einer Welt leben wollt, in der es sich lohnt zu leben, so habt Ihr allen Grund, diese Entwicklung zur Mündigkeit, zum Selbstgefühl, zur Selbstverantwortung mit allen Kräften zu fördern. Es wäre ein verhängnisvoller Irrtum, zu glauben, eine unmündige Masse sei bequemer zu führen und erlaube einer schmalen Elite-Schicht um so leichter, sich zu behaupten. In einer demokratischen Staatsordnung führt eine unmündige und nicht verantwortungsfähige Masse mit Gewißheit zum Kollektivismus, d. h. zur Diktatur der skrupellosen Ehrgeizlinge.

Wenn wir noch eine Chance haben, die Welt, in der wir atmen können, zu retten, dann ist es die, daß der Prozeß des Mündigwerdens des vierten Standes den entgegengesetzten Prozeß der Vermassung, des Absinkens in die Proletarität überrundet. Aber es ist fünf Minuten vor zwölf! Ich beschwöre Sie, meine Herren, angesichts der trostlosen Wendung, die das Ringen um das sogenannte Mitbestimmungsrecht genommen hat, nicht das echte Anliegen zu verkennen, das hinter diesem schillernd-vieldeutigen Wort Mitbestimmung steckt, jenes echte Anliegen, das den mutigen, vielleicht allzu mutigen Sprechern des Bochumer Katholikentages vorgeschwebt hat. Es ist fast das diametrale Gegenteil dessen, was uns jetzt auf der politischen Ebene unter der Bezeichnung Mitbestimmung präsentiert wird, aber Gott erleuchte den Unternehmerstand, daß er nicht in einer unbedachten Gefühlsreaktion das Kind mit dem Bade ausschütte!

Solche und ähnliche Gedanken zu ventilieren, den eigenen Standpunkt zu finden und sich seiner bewußt zu werden, der wirklich ergreifenden Fülle guten Willens, von der die Unternehmerschaft heute beseelt ist, ein gemeinsames Ziel zu weisen, das ist, so scheint mir, der Beitrag des BKU zur Selbstbesinnung des Unternehmers. Wir wissen uns in diesem Streben einig und solidarisch mit vielen bewußt christlichen Unternehmern auf der evangelischen Seite, mit denen wir einen herzlichen und vertrauensvollen Gedankenaustausch unterhalten. Vielleicht wird auch einmal die Stunde kommen, da es geboten und nützlich ist, die beiden Ströme der Aktivität hüben und drüben vollends zu vereinigen[1]), aber das kann nicht eher der Fall sein, als bis wir all die Möglichkeiten erschöpft haben, die uns Katholiken in der hoch entwickelten katholischen Soziallehre an die Hand gegeben sind. Auch für uns gilt der Auftrag, mit dem Pfunde, das wir empfangen haben, zu wuchern.

Selbstbesinnung des Unternehmers

Sie fängt an mit der Einsicht, daß er auf der Bühne der sozialen Evolution der zum Handeln berufene und befähigte Akteur und nicht unverbindlich dreinschauendes Publikum ist. Noch hat der Unternehmer in unserer westlichen Welt die Initiative in seiner Hand. Aber wer weiß, wie lange das noch so ist! Entweder gelingt es uns, den Prozeß der Vermassung in letzter Minute abzubremsen, oder der Prozeß geht über uns hinweg. Noch hat der Unternehmerstand die Chance, die soziale Wirklichkeit nach christlicher Konzeption entscheidend zu beeinflussen. Verpaßt er diese Chance, so werden andere an die Reihe kommen und vollendete Tatsachen schaffen, gegen ihn und über seinen Kopf hinweg. Man braucht kein Prophet zu sein, um vorauszusagen, wohin wir treiben, wenn es nicht gelingt, die Proletarität zu überwinden.

Der Betrieb ist die Stätte der Entscheidung. Hier verbringt der Arbeiter, der Angestellte mehr als die Hälfte seines wachen Daseins. Hier hat er sich als Glied der Gesellschaft zu bewähren und hier findet er

---

[1]) Zur Gründung des „Arbeitskreises Evangelischer Unternehmer in der Bundesrepublik Deutschland (AEU)" kam es im Jahre 1966. Mit ihm arbeitete der BKU vor allem auf dem Gebiete der Entwicklungspolitik eng zusammen. 1974 bildeten BKU und AEU – zunächst informell – die Arbeitsgemeinschaft Christlicher Unternehmer (ACU), die dann 1977 ein „eingetragener Verein" wurde. AEU und BKU bleiben autonome Verbände, um in ihrer jeweiligen Kirche wirken zu können – erklärtes Ziel beider Organisationen (Anmerkung der Redaktion).

19

die Sinnerfüllung seines Lebens – oder er findet sie nicht. Und müssen wir aus dem zweifelsfrei vorhandenen sozialen Unbehagen der breiten Schichten nicht den Schluß ziehen, daß der Arbeiter diese Befriedigung in der Berufsarbeit heute – mindestens in vielen Fällen – vermißt? Warum ist das so? Nach dem Allerweltsrezept des Materialismus, sowohl sozialistischer wie liberalistischer Observanz, lassen sich alle Schäden der Welt mit Geld kurieren. Danach wäre das soziale Unbehagen der Arbeiter eine Lohnfrage. Zahlt höhere Löhne, und die Arbeiter sind zufrieden! Das war ein Jahrhundert lang die Quintessenz der sozialen Kämpfe, und vielleicht haben wir selber lange daran geglaubt.

Nichts gegen hohe Löhne. Gewiß ist eine ständige Steigerung des Lebensstandards des Gesamtvolkes der Sinn der wirtschaftlichen Entwicklung. Aber das Unbehagen in der Gesellschaft kann nie und nimmer mit materiellen Mitteln, zumindest nicht allein mit ihnen, überwunden werden. Wie oft erleben wir, daß in den Branchen und Betrieben, die die höchsten Löhne zahlen, der Radikalismus am größten ist. Und umgekehrt: Die sozial gesündesten Typen der heutigen Gesellschaft, der Kleinbauer, z. T. auch der kleine selbständige Handwerker, müssen sich mit einem Realeinkommen begnügen, das weit unter dem des Industriearbeiters liegt. Für die Frage Proletarier oder nicht, ist die Höhe des Einkommens also ganz gewiß nicht das alleinige oder gar das entscheidende Kriterium.

Die Ursachen liegen tiefer. Nicht vom Brot allein lebt der Mensch. Außer den leiblich-materiellen Bedürfnissen, mit denen allein sich die Vulgärdoktrin des Liberalismus abgab, wird das menschliche Handeln, werden die Wünsche und Sehnsüchte des Menschen auch von religiösen, moralischen, geistigen und sozialen Bedürfnissen bestimmt.

Was heißt Soziale Marktwirtschaft?

Wodurch unterscheidet sie sich so wesentlich von der Marktwirtschaft des Liberalismus? Es genügt zur Kennzeichnung dieses Unterschieds nicht der Begriff des vollständigen Wettbewerbs und nicht die Einsicht, daß Wettbewerb eine zarte Pflanze ist, die mit institutionellen Mitteln gepflegt werden muß. So wertvoll diese Erkenntnis ist, als alleiniges Kriterium einer *Sozialen* Marktwirtschaft reicht Wettbewerb und Wettbewerbspflege nicht hin. Das haben die neoliberalen Gelehrten übrigens auch garnicht behauptet. Vielleicht können wir das Spezifische einer Sozialen Marktwirtschaft damit erfassen, daß wir sagen: Eine Soziale Marktwirtschaft ist eine solche, die allen in ihr lebenden Menschen Raum und Freiheit gibt, auch ihre sozialen Bedürfnisse in Würde zu befriedigen.

Was heißt soziale Bedürfnisse?

In jedem Menschen steckt der Trieb, die vom Schöpfer in ihn gelegten Kräfte, Anlagen und Fähigkeiten, zu entwickeln, zur Entfaltung zu bringen und in Wirklichkeiten auszuprägen. Nun hat schon die klassische Wirtschaftslehre das menschliche Wesen in einer für ihre Zwecke höchst sinnvollen und disziplinierten Weise in ein Spektrum von Kräften und Fähigkeiten aufgelöst, in dem sie die drei Funktionstypen des Arbeiters, des Unternehmers und des Eigentümers unterschied. Diese Begriffsbildung ist zwar immer noch sehr grobschlächtig und bewußt vereinfachend, aber sie hilft dem Denken schon ein gutes Stück weiter. Ja, ich behaupte, daß sie sogar hinreicht, auch die betrieblichen Spezialprobleme von heute in ihren Grundzügen zu erfassen.

Die Vulgärökonomie des praktischen Liberalismus hat den fundamentalen Denkfehler begangen, daß sie –

wie so oft – die Abstraktionen des wissenschaftlichen Denkens für Realitäten genommen hat. Sie hat die Funktionstypen Arbeiter, Unternehmer, Eigentümer als Realtypen angesehen, d. h. sie hat geglaubt, man könne die Menschen in der Wirtschaft schlicht und einfach in die drei Gruppen: Arbeiter, Unternehmer und Eigentümer einteilen. Gott hat aber keine Arbeiter, Unternehmer und Eigentümer geschaffen, sondern Menschen, und wenn wir schon die begrifflichen Unterscheidungen der Wissenschaft akzeptieren, so selbstverständlich nur in dem Sinne, daß im Wesen eines jeden Menschen die Eigenschaften und Anlagen zur Verwirklichung aller dieser drei funktionstypischen Kräfte, des Arbeiters, des Unternehmers und des Eigentümers, simultan und nebeneinander enthalten sind, freilich – und darin liegt die gewaltige Vielfältigkeit der menschlichen Realtypen – bei jedem Menschen in verschiedenem, individuellem Stärkegrad und Mischungsverhältnis.

Aus dieser Rückbesinnung auf den Menschen und die Ganzheit seines Wesens, aus dieser Absage an die vergröbernde Vorstellung des vulgären Liberalismus können wir weittragende Folgerungen ziehen, die vielleicht einiges Licht werfen auf das Dunkel der Sozialprobleme, mit denen wir es heute zu tun haben. Dem System des praktischen Liberalismus wohnte – das ist erschütternd zu sehen – die von niemand bewußt gewollte, aber unerhört zielstrebige Tendenz inne, die vergröbernden Abstraktionen seines Vorstellungsbildes in Wirklichkeiten auszuprägen. Die wirtschaftlichen Institutionen, die im liberalen Geiste geschaffen worden und auf das stärkste auch noch für die Gegenwart bestimmend sind, haben einen verhängnisvollen Zwanglauf hervorgebracht, der dahin zielt, das künstliche Vorstellungsbild des Liberalismus zu bewahrheiten. Die Ganzheit des Menschenwesens wurde durch diesen Zwanglauf tatsächlich und gegen die Natur in Abstraktionen aufgespalten. Mehr und mehr wurden und werden noch heute die Menschen durch die Umstände gezwungen, nicht – wie es ihrer Natur entspricht – sich zugleich und im Maße ihrer Veranlagung als Arbeiter, Unternehmer und Eigentümer zu verwirklichen. Sie wurden und werden immer mehr gezwungen, entweder nur das eine oder nur das andere oder nur das dritte zu sein. Sie alle müsen Teilbereiche der in ihnen zur Tat drängenden Kräfte zurückstauen und brachlegen – ihr soziales Bedürfnis nach Selbstverwirklichung im Beruf gewaltsam von der Befriedigung ausschließen; und das macht sie und die Gesellschaft, in der sie leben, sozial krank, labil, ungleichgewichtig.

Was ist Arbeit?

Diese immanente Tendenz zur Reindarstellung der abstrakten Funktionstypen ist unverkennbar. Sie erkennen Sie, meine Herren, auch in Ihrem eigenen Lebenskreis. Die Entwicklung zum Großbetrieb hat es mit sich gebracht, daß die Funktion des Unternehmers sich immer mehr von der Funktion des Eigentümers löst, und daß beide Funktionen sich mehr und mehr in getrennten Personengruppen verselbständigen. Im Extrem entsteht der Realtyp des Managers, der nur mehr Verwalter fremden Eigentums ist, und der des Rentner-Aktionärs, der den Betrieb, an dem er beteiligt ist, vielleicht nie im Leben betritt.
Am stärksten aber hat diese grausame Aufspaltung des lebendigen Menschen in Abstraktionen den Realtyp des Arbeiters betroffen. In seinem Falle ist die vergröbernde Abstraktion, nach deren Vorbild er gewaltsam geprägt wurde, ganz besonders lebensfern und lebensfeindlich. Was ist Arbeit? Die theoretische Abstraktion begreift sie als ein Wirtschaftsgut unter vielen andern, als eine unpersönliche, amorphe, quantifizier-

bare Ware. Und das ist sie, im Zwanglauf der technischen Entwicklung der Produktionsverfahren, in vielen Fällen tatsächlich geworden. Und dabei wissen wir, daß die menschliche Arbeit tatsächlich von der Person dessen, der sie leistet, nicht zu trennen ist. In den Begriffen der Volkswirtschaftslehre könnte man das etwa so ausdrücken: Der Arbeiter bietet Arbeit und den in seinem Wesen enthaltenen Schuß schöpferischer, unternehmerischer Begabung als verbundene Güter an. Nachfrage aber findet er mehr oder weniger nur noch für unpersönliche, mechanistische, zur Ware gewordene Arbeit. Sein unternehmerisches Lebensgefühl muß er, soweit es vorhanden ist, zurückdrängen und von der Betätigung ausschließen. Sein soziales Bedürfnis nach Selbstverwirklichung als Vollpersönlichkeit bleibt unbefriedigt. Darin liegt, so könnte man sagen, ein zwar ungewollter und vielfach noch unerkannter Verstoß gegen die gebotene Achtung der Menschenwürde, die uns die christliche Soziallehre immer wieder nachdrücklichst zur Pflicht macht. Dieses Gebot bedeutet doch ein wenig mehr als die triviale und selbstverständliche Aufforderung, den Arbeiter „gut zu behandeln".

Mitbestimmung

Jeder verantwortungsbewußte Unternehmer hat sich in den letzten eineinhalb Jahren gewiß immer wieder die Frage gestellt: Was steckt hinter der Forderung nach Mitbestimmung? Etwa nur politischer Ehrgeiz von Funktionären? Sicherlich auch, aber doch wohl kaum nur das. Was sonst kann dieses vieldeutig-schillernde Wort Mitbestimmung meinen? Ist es vielleicht nur der schlagwortartig vergröberte Ausdruck des dumpfen Unbehagens der Persönlichkeit, die nach Selbstverwirklichung strebt und durch den Zwanglauf der Institutionen daran gehindert wird?

Was können wir daran ändern? Durch Staatsgesetze sicherlich garnichts. Was auf diesem Wege geschehen kann, muß zum allergrößten Teil aus der gesunden Eigeninitiative des Einzelunternehmers hervorgehen. Die möglichen Lösungen hängen so stark von den individuellen Eigenarten der Branche und des einzelnen Betriebs ab, daß sich nur wenige allgemeine Regeln aufstellen lassen. Aber diese allgemeinen Regeln sich bewußt zu machen, sie durch Erfahrungstausch zu verfeinern, einander zu ihrer Befolgung zu ermutigen, ist seit zwei Jahren das Bemühen des BKU gewesen:

1. Weist das Streben des Arbeiters, über die Enge seines eigenen Arbeitsplatzes ein größeres Ganzes zu überschauen, nicht zurück. Ermutigt und fördert dieses Streben durch aktive Information.
2. Achtet die schöpferische Initiative des Arbeiters nicht gering. Gebt ihm Spielraum und Betätigungsfeld, sorgt, daß Vorschläge und Ideen zur Arbeitsgestaltung, Produktionsvereinfachung, Kostensenkung, technischen Verbesserungen oder was immer es sei, an den richtigen Mann kommen und ernst genommen werden, wenn sie es verdienen. Schafft Möglichkeiten der Anhörung, die sich sukzessive zur Mitberatung und Mitwirkung ausweiten kann.
3. Sorgt für einen erkennbaren Zusammenhang zwischen Leistung und Lohn, bei der Einzelleistung, aber auch bei der Gruppenleistung. Sorgt für Aufstiegsmöglichkeiten.
4. Schafft auch im Groß- und Mittelbetrieb überschaubare Verantwortungsbereiche. Verteilt die Verantwortungen und Anordnungsbefugnisse soweit nur möglich auch auf die unteren Stufen der Betriebshierarchie.

Alle diese Maßnahmen gehören mehr oder weniger zum Arbeitsbereich der Betriebsorganisation. Der

Betriebsingenieur, der technische Organisator hat hier ein gewichtiges Wort mitzusprechen. Aber sie sind gleichwohl Unternehmeraufgaben im engsten Sinne des Wortes: bestmögliche Koordination der Produktionsfaktoren.

Aber – so müssen wir uns weiter fragen – drängt der Arbeiter denn wirklich so ungestüm zur Mitverantwortung und zur Mitwirkung an der unternehmerischen Leistung? Ist es nicht tausendfach erwiesen, daß Arbeiter, die irgendeine geistlose, mechanische Arbeit zu verrichten haben, geradezu an ihrer Tätigkeit hängen und durchaus nicht glücklich sind, wenn man sie auf Arbeitsplätze mit größerer Selbständigkeit und Verantwortung versetzen will? Auch das gibt es, und die erste Lehre, die wir daraus ziehen, ist die, daß es *den* Arbeiter als eine einheitliche Spezies nicht gibt. Jeder Mensch ist anders, und es widerspricht unserer Konzeption durchaus nicht, wenn wir sehen, daß im Charakterbild vieler Menschen das unternehmerische, dynamische, wagnisfreudige Element schwach oder garnicht entwickelt ist. Sie sind darum nicht minderwertig. Aber auch dieser mehr kontemplative Arbeitertypus ist vom Unbehagen im Beruf und in der Gesellschaft nicht verschont. Worin ist dieses Unbehagen begründet? Unser bisheriges Erklärungsschema erklärt es nicht.

Existenzangst

Das zweite elementare Unlustgefühl, das heute in die verschwommene Forderung nach Mitbestimmung verdrängt wird, ist die Existenzangst. Das Verlangen nach Sicherheit ist – wie auch die jüngste demoskopische Befragung eindeutig ergeben hat – das Allerweltsanliegen, das heute die Völker, die Staaten, die Stände, aber ganz besonders den Arbeiterstand beherrscht. Aber diese Existenzangst, dieses inbrünstige Verlangen nach Lebenssicherheit, dem viele Millionen Menschen selbst einen Teil ihrer Freiheit aufzuopfern bereit sind, darf nicht allein als gegeben und in Rechnung zu stellende Ursache des sozialen Unbehagens angesehen werden. Dieser allgemeine Schrei nach Sicherheit ist vielmehr selber ein gefährliches Krankheitssymptom der heutigen Gesellschaft, das mit Sicherheit zum Verfall unserer Gesellschaftsordnung und zum Untergang unserer westlichen Welt führt, wenn es uns nicht gelingt, seine Ursachen zu beseitigen.

Unfreiwillige Arbeitslosigkeit

Nun liegt die letzte Ursache der Existenzangst gewiß in der religiösen Entwurzelung und Glaubensarmut einer säkularisierten Welt. Für den Stand der Lohnarbeiter im weitesten Sinne kommt aber noch eine zweite, im Realen wurzelnde Ursache hinzu, über die sich gerade der Unternehmer Rechenschaft geben muß: die den Lohnarbeiter ständig bedrohende Gefahr der unfreiwilligen Arbeitslosigkeit im Gefolge der zyklischen Krisen der Volkswirtschaft. Sie bedroht freilich auch den Unternehmer, aber ihn doch in ungleich geringerem Grade. Für ihn verschwistert sich das Krisenrisiko eng mit dem allgemeinen Unternehmerrisiko, und die größeren Verlustaussichten in der Krise finden einen gewissen Ausgleich durch die höheren Gewinnchancen der Konjunktur. Den Arbeiter aber trifft die krisenbedingte Arbeitslosigkeit wie ein echtes Schicksal. Er kann ihr nicht ausweichen, auch der stärkste Selbstbehauptungswille kann sie nicht abwenden. Auch der Lebenstüchtigste sieht sich diesem Schicksal ohnmächtig ausgeliefert.

Trotz 240 Krisentheorien ist es bisher nicht gelungen, den verhängnisvollen und sinnlosen Zwanglauf der Krisenzyklen zu vermeiden. Wir kennen nicht einmal zuverlässig den Kausalnexus ihrer Verursachung. Unser Verstand – soweit er nicht durch Doktrinen vernebelt ist – wehrt sich leidenschaftlich gegen die Annahme, daß sie unvermeidbar seien. Wir bestreiten sogar energisch, daß die Krisen ein notwendiges Attribut der Marktwirtschaft wären. Wären sie es, so wäre die Marktwirtschaft in der Tat reif zum Verschwinden. Aber im System der Marktwirtschaft sind tatsächlich keine Kräfte enthalten, die die verhängnisvolle Schwingungsneigung des Marktes bedingen. Wenn wir ehrlich sind, geben wir zu, daß wir nach wie vor vor einem Rätsel stehen.

Die Neigung zu periodischen Krisen, mit deren Wiederkehr ständig gerechnet werden muß, ist der Krebsschaden der Wirtschaft und das Völkerproblem Nummer 1, auch in sozialpolitischer Sicht. Kein geringerer als Papst Pius XII. hat diese Einsicht in seiner großen Ansprache vom 3. Juni vorigen Jahres der westlichen Welt erneut eingehämmert. Hoffentlich mit Erfolg. Die Krisenanfälligkeit der Wirtschaft, die ständige Bedrohung durch unfreiwillige Arbeitslosigkeit ist das vergiftende Element, das das Zusammenleben der Menschen in einer freien Welt zersetzt und früher oder später zur politischen Katastrophe führen muß. Dabei versteht sich, daß unter Krise stets die Lähmung der Gesamtwirtschaft gemeint ist, und nicht das völlig natürliche, vom Wettbewerb her bedingte und sogar höchst gemeinwohlfördernde Auf und Ab der Prosperität eines Einzelunternehmens. Ich wage zu behaupten, daß das grauenhafte Erlebnis der Weltkrise von 1929 bis 1932 heute noch stärker in den Herzen der Menschen nachwirkt als selbst das Erlebnis des Krieges mit seinen furchtbaren äußeren Katastrophen.

Erst das Krisenerlebnis hat den Arbeiterstand gewaltsam dazu erzogen, das Wagnis überhaupt zu scheuen und zunächst nichts anderes als Sicherheit zu suchen. Erst die nüchterne Erkenntnis, daß er selbst durch noch so viel Fleiß und Tüchtigkeit gegen das Schicksal der Arbeitslosigkeit gegebenen Falles nichts ausrichten kann, hat im Lohnarbeiter den Stolz der Selbstbehauptung, den Willen zur Selbstverantwortung, die Bereitschaft zu einem Leben auf eigene Rechnung und Gefahr in weitem Maße unterdrückt und ihn veranlaßt, alles Heil von dem Kollektivschutz des sozialistischen Staates oder anderer Kollektivmächte zu erhoffen. Wir können das bedauern, aber wir können die logische Schlüssigkeit dieser Reaktionsweise nicht bestreiten. Abwehr des Kollektivismus heißt also: Kampf gegen die zyklischen Wirtschaftskrisen, Beseitigung ihrer Ursachen, mindestens aber Verhinderung ihrer katastrophalsten Wirkung: der unfreiwilligen Arbeitslosigkeit.

Das System der Marktwirtschaft, in der allein der Unternehmerstand existieren kann, wird auf die Dauer nur fortbestehen können, wenn es uns gelingt, auch den Arbeiter an ihm zu interessieren, ihn darin heimisch zu machen und ihm das Bewußtsein zu geben, daß die Marktwirtschaft alle Leistungswilligen, wie in einen sportlichen fair-play, unter die gleichen Spielbedingungen stellt. Erste Voraussetzung dazu ist, daß das einseitige Handicap der unfreiwilligen Arbeitslosigkeit beseitigt wird.

Was aber kann der einzelne Unternehmer dazu beitragen? Es wäre töricht, von ihm zu fordern, auch in der Krise generell von allen Arbeiterentlassungen Abstand zu nehmen. Das würde in den meisten Fällen zum völligen Ruin des Unternehmens führen und dem Gemeinwohl am wenigsten dienlich sein. Verlangen kann man nur, daß er die Massenentlassung als ultima ratio ansieht, zu der er sich schweren Herzens nur dann entschließt, wenn alle andern Ausweichmittel erschöpft sind. Aber es erscheint fast überflüssig, diese sittliche Forderung auszusprechen. Verantwortungsbewußte Unternehmer haben sie von jeher erfüllt. Mit sittlichem Willen allein ist gegen die echte Depression nicht anzukommen. Eine nachhaltige Bekämpfung der Krisen wird aller Voraussicht nach nur durch institutionelle Mittel, durch marktkonforme Korrekturen der Wirtschaftsverfassung möglich sein, – also vom Gesetzgeber ausgehen müssen. Vom Unternehmer aber kann und muß verlangt werden, daß er diesen Problemen gegenüber aufgeschlossen ist, sich ihrer fundamentalen Bedeutung bewußt bleibt, aus eigener Initiative zu ihrer Lösung beiträgt und sie nicht als lästige Beschwer von sich wegschiebt, wenn die Gefahr wachsender Arbeitslosigkeit gerade einmal wieder eine Zeitlang unaktuell geworden ist.

Eines ist gewiß: Das Phänomen der Krisen und der freiwilligen Arbeitslosigkeit kann durch Gesetzesbestimmungen über ein Mitbestimmungsrecht nicht an der Wurzel bekämpft werden; einfach deshalb nicht, weil Krise oder Nachkrise nicht vom Ermessen oder vom guten Willen des Unternehmers abhängen. Wenn die Arbeiterschaft sich dieser Hoffnung hingibt, wird sie grausam enttäuscht werden.

Das Bewußtsein der Ohnmacht gegenüber dem Schicksal, das in der Gestalt der unfreiwilligen Arbeitslosigkeit als Damokles-Schwert über dem Lohnarbeiter schwebt, hat stark dazu beigetragen, den Stolz der Selbstbehauptung, den Willen zur Selbstverantwortung im Lohnarbeiter zu ertöten und ihn daran gewöhnt, sein Schicksal auch außerhalb der Krisenzeiten aus fremder Hand entgegenzunehmen, sich unter die Obhut und Fürsorge Stärkerer zu stellen. Wer wollte ihm das verdenken? Aber wer sich für die gesellschaftspolitische Entwicklung mitverantwortlich fühlt, sollte auch klar sehen, daß das Übel der Unselbständigkeit nur verschlimmert, der Hang zum Kollektiv-Denken, das Sich-Verlassen auf die Fürsorge anderer nur noch verstärkt wird in dem Maße, wie man diesem Hang stattgibt und diese Fürsorge gewährt.

Hier wird deutlich, was der Papst meint, wenn er davor warnt, die Sozialpolitik herkömmlichen Stils – und dazu gehören auch die kollektiven Sozialleistungen der Betriebe – über ein gewisses Maß hinaus zu treiben. Zugegeben, daß diese fürsorgerische Sozialpolitik aus reinem Herzen und zupackender praktischer Menschenliebe geboren ist, zugegeben, daß sie notwendig war, um Schlimmeres zu verhüten, dem Grundübel der Proletarität, der Vermassung, der Unselbständigkeit, dem Verfall in den Kollektivismus steuern sie nicht, sie kurieren nur an den Symptomen des sozialen Krankheitszustandes und laufen dabei Gefahr, die Krankheitsursache zu verschlimmern.

Auch dem einzelnen Unternehmer erwächst hieraus ein echter Konflikt zwischen der Eingebung seines fürsorgewilligen Herzens und der Stimme seines wägenden, der Zukunft zugewandten Verstandes. Betriebliche Sozialfürsorge, dargeboten aus der inneren Haltung des Patriarchen, der besser zu wissen glaubt, was seinen Schutzbefohlenen frommt, als diese selbst, hat sich überlebt. Solche betriebliche Sozialpolitik ist ein Faß ohne Boden. Auch verdoppelter und verdreifachter Sozialaufwand in dieser Form macht die Mitarbeiter nicht zufriedener. Jede neue Sozialleistung wird schnellstens als selbstverständlich geschuldeter Anspruch gewertet und trägt auf die Dauer nichts zur Befriedigung des betrieblichen Soziallebens bei. Wie oft fanden sich wohlmeinende Unternehmer, die vielfach unter schweren Opfern ihren Belegschaften die großartigen Sozialleistungen dargeboten haben, von der augenscheinlichen Undankbarkeit der Betreuten verbittert.

Wo ist der Ausweg? Die Selbstbesinnung des christlichen Unternehmers wird ihn finden. Vielleicht, ja wahrscheinlich unter Schmerzen und innerer Selbstbescheidung. Es tut weh, von der reinen Herzens übernommenen Rolle des patriarchalischen Hausvaters Abschied zu nehmen. Es ist nur eine Wiederholung des Generationsproblems, das sich seit Anbeginn der Welt zwischen Vater und Sohn auftut, wenn der Sohn erwachsen und willig zu selbstverantwortlicher Lebensgestaltung geworden ist. Im Betrieb kommt erschwerend hinzu, daß dieser Wille zur Selbstverantwortung in vielen Fällen erst noch neu belebt und ermutigt werden muß, weil der Prozeß der Vermassung und Kollektivierung schon so verhängnisvoll weit fortgeschritten ist. Ich wünsche Ihnen von Herzen den optimistischen Glauben, daß das Gros unserer Arbeiterschaft zur Mündigkeit fähig ist. Die Einsicht, daß das Spiel der westlichen Welt, ja vielleicht des christlichen Abendlandes verloren ist, wenn dieser Glaube nicht zutrifft, läßt uns eigentlich keine andere Wahl.

Verantwortung des Unternehmers

Aus alledem ergibt sich, welch schwere Verantwortung heute auf den Schultern des Unternehmers lastet. Das Schicksal hat ihm eine Entscheidung zugespielt, mit der seine Väter und Großväter nicht im Traum ihr Gewissen zu beschweren brauchten. Heute ist die soziale Atmosphäre der Betriebe, in denen mehr als die Hälfte der Bevölkerung ihr Leben verbringt, für das Wohl und Wehe des Gesellschaftslebens überhaupt bestimmend geworden. Wir dürfen nicht hoffen, in Volk und Staat Christus zu haben, wenn wir ihn nicht auch in den Betrieben unter uns haben.

Wenn es uns gelingen soll, dem um sich greifenden Prozeß der Vermassung in letzter Stunde einzudämmen und rückläufig zu machen, dann nur dadurch, daß wir mit der Entmassung, der Verpersönlichung, der Individualisierung des Lebens in der Arbeitswelt des Betriebes den Anfang machen. Und dazu ist keiner in stärkerem Grade berufen und befähigt als der Unternehmer. Ich behaupte nicht und es wäre töricht zu behaupten, daß die Entscheidung zum Guten einzig von seinem guten Willen abhinge. So einfach ist die Sache nicht. Tatsächlich muß der Unternehmer die Wege und Methoden, die geeignet sind, die Forderungen der Enzykliken in die Wirklichkeit umzusetzen, erst auch noch selber suchen und finden und mit den sachlichen Bedingungen der Wirtschaft in Einklang bringen.

Es gibt für die Lösungen der Sozialfragen des Betriebs keine Rezepte, und auch da, wo wir im Kreise der katholischen Unternehmer bestimmte Regeln und Normen des Handelns, die uns zweckmäßig und zielstrebig erscheinen, glauben gefunden zu haben, hüten wir uns wohl, sie vorschnell zu verallgemeinern und ihnen absolute Geltung zuzusprechen. Jeder Betrieb ist anders, jeder verlangt seine individuelle Lösungen. Von alledem, von den konkreten Ergebnissen der unternehmerischen Selbsterkenntnis und Selbstbesinnung soll und kann hier nicht die Rede sein.

Wie arbeitet der BKU?

Ein kurzes Wort aber noch zur Methode unseres Arbeitens im Bund Katholischer Unternehmer. Unsere Arbeit ist einmal nach innen gerichtet. Wir bemühen uns, die kostbaren Schätze zu heben, die in der christlichen Soziallehre, in den sozialen Rundschreiben der Päpste und den Verlautbarungen der Kirche ruhen und durch Jahrzehnte allzu wenig beachtet worden sind, damit sie lebendiger Gemeinbesitz aller werden. Aber das ist nur die Grundlage. Wenn die Kirche uns im Gebiet des Diesseitigen Ziele weist, so ist es die legitime Aufgabe der katholischen Laienwelt, die Wege zu finden, die zu diesen Zielen führen können. Eine eindeutig festliegende Marschroute gibt es nicht. Da stehen vielfältige Auffassungen nebeneinander, die in Gespräch und Diskussion abgeklärt sein wollen. Da gibt es neue Ideen und beispielhafte Taten, kühne Versuche und ehrliche Bemühungen in und außerhalb unseres Kreises, die geprüft und durchdacht, verglichen und gewertet werden müssen, damit sie in breiterem Ausmaß fruchtbar werden können. Dieses Prüfen und Werten erfordert geistigen Austausch im kleinen Kreis bestimmter Arbeitsgruppen, im mittleren Kreis der Bezirksgruppen-Versammlungen, ein oder zweimal im Jahr auch im großen Kreis der Mitgliederversammlung, die in der Regel als Wochenendtagung an einem schönen ruhigen Ort gestaltet wird.

Wir verabscheuen und meiden allen öden und sterilen Vereinsformalismus und -zentralismus. Wir versprechen uns den besten Erfolg von einem starken Eigenleben in den Bezirken und kleinen Kreisen. Nur sind wir bemüht, für den Austausch der Erfahrungen und Arbeitsergebnisse zu sorgen. Wir unterhalten dafür eine kleine Geschäftsstelle, die zu leiten ich die Ehre habe, die diesen geistigen Austausch zu fördern hat und überdies bemüht ist, die nötigen Anregungen aus dem Sozialleben und der Wissenschaft des In- und Auslandes zu sammeln und als Hinweise und Kurzberichte im Mitgliederkreis zu verbreiten.

Nun zu unserer Arbeit nach außen. Die aufrichtigsten Freundschaftsbeweise sind uns nach unserer Gründung vor zwei Jahren von seiten der katholischen Arbeitervereine zuteil geworden, und in der häufigen und gründlichen Aussprache mit den katholischen

Arbeitern, seien sie in der KAB[2]), in der CAJ oder in den Betriebsmännerwerken organisiert, erblicken wir nach wie vor eine unserer dankbarsten Aufgaben. Natürlich sind wir nicht immer einer Meinung, wenn wir über Fragen der sozialen Betriebsgestaltung diskutieren. Aber der gemeinsame Ausgangspunkt, der Glaube und die Soziallehre der Kirche, schafft eine Atmosphäre des Vertrauens und der Solidarität, fernab von allen klassenkämpferischen Gegensätzen. Wir sehen in diesen Aussprachen, denen wir schon wesentliche Korrekturen unserer Auffassung und eine fortschreitende Annäherung an die unserer Gesprächspartner verdanken, wertvolle Ergänzungen zu den Aussprachen, die jeder Unternehmer mit den Arbeitern seines eigenen Betriebes führt.

Internationale Solidarität

Eine Quelle höchst wichtiger Anregung ist uns aber ganz besonders die enge Verbindung zu den katholischen Unternehmer-Vereinigungen des Auslandes, mit denen wir in der UNIAPAC[3]) vereint sind. Viele von Ihnen waren Gäste unseres internationalen Freundschaftstreffens in Beuron im September v. J., bei dem wir uns mit Mitgliedern der Vereinigung Christlicher Unternehmer der Schweiz und einer Abordnung der AKWV Holland getroffen haben. Aus dieser internationalen Solidarität der katholischen

---

[2]) Im Ketteler-Haus in Köln in der Bernhard-Letterhaus-Straße, dem Sitz der KAB-Westdeutschland, hatte der BKU seine erste Geschäftsstelle von 1949 bis 1960.

[3]) Die UNIAPAC (Internationale Christliche Unternehmervereinigung) hat Nationalverbände in 27 Ländern der Welt. Das Generalsekretariat befindet sich in Brüssel. Von seiner Gründung 1949 bis 1978 war der BKU der deutsche Nationalverband der UNIAPAC. Seitdem ist dies die „Arbeitsgemeinschaft Christlicher Unternehmer in der UNIAPAC e. V." (Anmerkung der Redaktion).

Unternehmer strömen uns mannigfache gute Kräfte zu. Nicht nur persönliche Freundschaften und gute Verbindungen, deren der deutsche Unternehmer nach vielen Jahren ungewollter Isolierung so dringend bedarf, sondern auch – ich möchte sagen – moralische Rückenstärkung, die sich in unserem Streben nach christlichen Lösungen in der Sozialordnung schon sehr positiv ausgewirkt hat. Es ist ja nun einmal eine deutsche Eigenschaft, daß das Beispiel und Zeugnis des Auslandes bei uns ganz besonders nachhaltig wirkt, stärker vielleich als wenn Deutsche zu Deutschen sprechen, und sei es in Engelszungen.

Eine nicht gering zu veranschlagende Wirkung nach außen geht vom BKU auch dadurch aus, daß er seine Mitglieder dazu verpflichtet, aber – dank des regen Studiums und Meinungsaustauschs im eigenen Kreis – auch dazu befähigt, in den Gremien, denen sie als Unternehmer angehören, – seien es Arbeitgeberverbände, Wirtschaftsgruppen oder Industrie- und Handelskammern – den christlich-katholischen Standpunkt, wo immer es nottut, kraftvoll und einheitlich zu vertreten. Auch in Gebieten, in denen der Geist des Liberalismus und Freidenkertums in den genannten Gremien eine traditionelle Übermacht hat, ist es immer noch möglich, christlichen Grundsätzen Geltung zu verschaffen oder wenigstens ihre Mißachtung zu verhüten, wenn nur die christlichen Repräsentanten mit klarem Bewußtsein und mit dem Gefühl, daß sie nicht isoliert dastehen, in diese Gremien hineingehen. Der gute Wille dazu war und ist wohl immer vorhanden. Daß dieser gute Wille aber auch aufgeschlossen und zur Tat ermutigt wurde, ist sicherlich in vielen Fällen auf die moralische Stärkung zurückzuführen, die der einzelne durch seine Mitwirkung im BKU und das daraus entspringende Gemeinschaftsbewußtsein empfangen hat.

Durch seine Mitglieder wirkt der BKU auch in die

Selbstverwaltungskörperschaften der gewerblichen Wirtschaft hinein. Er beschränkt sich auch bewußt auf diese indirekte Wirkung. Der Bund als solcher tritt im öffentlichen Leben nicht als Partei oder Interessenvertretung hervor. Er tritt zu keiner der bestehenden Einrichtungen in Wettbewerb. Wir sind kein katholischer Arbeitgeberverband. Es gibt ja auch keine katholische Wirtschaft, keine katholischen Tarifverträge, – wohl aber gibt es katholische Unternehmer. Entspannung der sozialen Gegensätze, Überwindung des Klassenkampfes, Beseitigung der Proletarität, Aufbau einer gesunden Gesellschaftsordnung, – das ist die Aufgabe, die unsere Generation zu lösen hat, wenn sie vor sich selbst und vor der Geschichte bestehen will. Die Stätte der Entscheidung ist der Betrieb, und zum Handeln aufgerufen ist der Unternehmer. Wir sind überzeugt davon, daß Gottes Segen auf seinem Tun und Lassen ruhen wird, wenn er sich in seiner Selbstbesinnung nach der Soziallehre unserer Kirche orientiert.

Gedanken zu einem „Sozialen Konzept" der katholischen Unternehmer*

Als Grundlagen allen sozialen Tuns und Strebens betrachten wir nach den Lehren unserer Kirche und speziell nach ihrer Soziallehre

die persönliche Verantwortung vor Gott,
die Liebe zum Nächsten,
die Würde der Person,
die Familie als Zelle der Gesellschaft,
die Freiheit, begrenzt durch
das Sittengesetz der 10 Gebote,
das Prinzip der Subsidiarität.

In einer Ordnung der Gesellschaft im Sinne dieser Grundwerte, die das christliche Menschenbild bestimmen, sehen wir als katholische Unternehmer den wesentlichen Teil unseres Beitrags zum göttlichen Gebot, das Schöpfungswerk auf dieser Erde zu vollenden.

Wie bejahen in ihrem Grundgefüge die Gesellschafts- und Wirtschaftsordnung, in die wir hineingestellt sind. Wir bejahen selbstverständlich die *Demokratie* und ebenso selbstverständlich die *Marktwirtschaft*. Wir glauben zu sehen, daß diese einander bedingenden Ordnungsgefüge in der Hauptsache vom Typ des unternehmerischen Menschen – dieses Wort im weitesten Sinne verstanden – geprägt worden sind. Aus dieser Erkenntnis leiten wir keinen sozialen Hegemonieanspruch des Unternehmerstandes ab, wohl aber das Bewußtsein einer besonderen sozialen Verantwortung.

---

* Einleitendes Referat zur Sitzung des „Bonner Kreises" des BKU am 16. März 1954.

Das industrielle Zeitalter hat uns das neue *Sozialgebilde Betrieb* beschert, in dem ein wachsender Teil der Bevölkerung fast die Hälfte seines wachen Daseins verbringt. Dieses neue Sozialgebilde Betrieb hat noch nicht zu einem voll befriedigenden sozialen Gleichgewicht hin gefunden. Es ist vielmehr der Entstehungsort sozialer Spannungen und sozialen Unbehagens, die sich auch außerhalb des Betriebes verhängnisvoll auswirken. Ebensowohl kann der Betrieb aber auch zu einer Stätte sozialer Befriedigung werden und in diesem Sinne in seine engere und weitere Umgebung ausstrahlen. Wir stellen das Anliegen einer sinnvollen Reform der sozialen Bedingungen in der betrieblichen Kooperation bewußt an den Anfang unseres Katalogs, weil eine solche Reform zum größeren Teil im Verantwortungsbereich des einzelnen Unternehmers liegt und weil wir folglich hier ein Arbeitsfeld vor uns sehen, auf dem wir selbst in eigener Initiative tätig werden können und müssen. Wir sind uns darüber im klaren, daß zu den zahlreichen Aufgaben, die das Wesen der Unternehmerarbeit ausmachen, in unserer Zeit auch die Aufgabe des Unternehmers als Mitgestalter des sozialen Lebens hinzugetreten ist, ja beinahe schon Unternehmer-Aufgabe par excellence geworden ist.

Die Arbeitsteilung großen Stils ist unabdingbare Voraussetzung der heutigen industriellen Wirtschaft. Sie hat zur notwendigen Folge, daß heute die Mehrzahl der Berufstätigen in abhängiger Position, d. h. als Glied einer vielschichtigen betrieblichen Zusammenarbeit schaffen müssen. Wir sehen klar, daß die menschlichen und sozialen Formen dieser Zusammenarbeit im Betrieb, so wie sie sich bis heute entwickelt haben, noch keineswegs befriedigen und der Reform bedürftig und fähig sind. Nach 80 Jahren intensiver staatlicher und unternehmerischer Sozialpolitik müssen wir feststellen, daß die Massen der Arbeitnehmer immer noch mit ihrem Los unzufrieden und mit einem dumpfen Unbehagen erfüllt sind, das sich – besonders unter demagogischer Anleitung – gefährliche Auswege suchen kann. Dieses Unbehagen kann nicht seinen Grund haben in ungenügendem Lohn oder unzulänglichen materiellen Lebensstandard. Denn das Reallohnniveau der Arbeiter hat sich in den letzten 100 Jahren verdreifacht, und das Unbehagen ist dabei noch größer geworden. Lohn und Lebensstandard werden auch in Zukunft im Gefolge wachsender Produktivität weiter steigen, aber wir glauben nicht mehr, daß solche materiellen Verbesserungen allein eine sozial befriedigende Wirkung haben werden.

Diesen Zustand zu ändern, ist unsere Unternehmer-Aufgabe, und kein anderer kann uns dabei helfen. Es wäre vermessen, zu sagen, wir hätten die Lösung in der Hand oder wir wären ihr auf der Spur. Aber seien Sie versichert, daß wir uns mit dem größten Ernst und Eifer darum bemühen. Wir bewahren den optimistischen Glauben, daß das Problem lösbar, d. h. daß eine *Kooperation im arbeitsteiligen Betrieb auch mit den Ansprüchen der Person vereinbar ist.* Wir werden das ganze Problem der Rationalisierung, die sich bislang fast nur auf den Sachteil des Betriebes bezog, angesichts des Menschen und des christlichen Menschenbildes neu durchdenken müssen. Wir sind aufgeschlossen gegenüber allen Bestrebungen der „human relations", des sogenannten Mitunternehmertums, der Gewinn- und Ertragsbeteiligung, viele von uns sind selber in solchen höchst lehrreichen Experimenten begriffen, aber wir bewahren uns auch einen Schuß Skepsis gegenüber allzu laut gepriesenen Patentlösungen, die meist den Sachverhalt allzu stark vereinfachen und vergröbern.

Den Betrieb dem Arbeitnehmer zur innerlich bejahten

Stätte der persönlichen Entfaltung, zur Stätte der Bewährung vor Gott, vor sich selbst und vor den Menschen zu machen, ist – so glauben wir – eine der dringlichsten sozialen Aufgaben unserer Zeit. Diesen Heilungsprozeß einzuleiten und zu fördern, ist eine konstruktive Unternehmer-Aufgabe. Von der direkten Mitwirkung des Staates und des Gesetzgebers versprechen wir uns hierbei wenig oder nichts.

Mitbestimmung und Betriebsverfassung

Das Gesetz über die *Mitbestimmung in Kohle und Eisen* ist, das müssen wir frei bekennen, u. E. ein Fremdkörper in unserem Gesellschafts- und Wirtschaftssystem. Wir hüten uns indes, seine Bedenklichkeit zu dramatisieren, glauben vielmehr, daß der Straußenmagen der marktwirtschaftlichen Ordnung auch mit diesem Fremdkörper fertig werden wird. Wir wissen auch, daß der Gesetzgeber bei seiner Konzeption vor vollendeten Tatsachen stand, die nicht er, sondern die Besatzungsmächte zu verantworten haben. Keineswegs aber dürfen die gesellschaftspolitischen Ansätze dieses Gesetzes bestimmenden Einfluß auf die zukünftige rechtliche uns soziale Entwicklung gewinnen.

Aus diesem Grunde und in diesem Sinne haben wir das *Betriebsverfassungsgesetz* aufrichtig begrüßt und sind wir ehrlich bemüht, ihm Leben zu verleihen. Wir verstehen und würdigen dieses Gesetz aus der konkreten geschichtlichen Situation, aus der es entstanden ist. Unter dem Druck der öffentlichen Meinung konnte der Gesetzgeber nicht umhin, sich mit dieser Materie zu beschäftigen, und er hat das Bestmögliche daraus gemacht. Gleichwohl bleibt zu bedauern, daß die Sozialpartner selbst dem Gesetzgeber nicht durch spontane Vereinbarungen unter sich, durch die Verwirklichung konstruktiver Ideen zur Neugestaltung des betrieblichen Soziallebens zuvorgekommen sind. Die besten Gesetze sind sicherlich die, die der Gesetzgeber schon als gelebte Praxis vorfindet und nur noch zu sanktionieren braucht. Statt dessen mußte er hier das Wagnis eingehen, neue Formen des Soziallebens auf dem Reißbrett zu konstruieren und das Gesetz sozusagen zum Motor der sozialen Entwicklung zu machen.

Die vorzüglichste Eigenschaft des Betriebsverfassungsgesetzes ist die, daß es die natürliche Entwicklung nicht behindert und die Wege zu einer organischen Lösung des Sozialproblems Betrieb nicht verbaut. Als positiv werten wir ferner, daß es auch den letzten retardierenden Unternehmer, der die Zeichen der Zeit noch nicht verstanden hat, gewaltsam mit seiner vordringlichsten Aufgabe konfrontiert. Hüten wollen wir uns aber vor der Illusion, das Problem sei durch das Gesetz und seine paragraphentreue Befolgung bereits gelöst. Diese Lösung steht noch in vollem Umfange aus, – und sie kann nicht durch Gesetze erzwungen, sondern nur durch verständnisvolle Zusammenarbeit der Partner in jedem einzelnen Betrieb erarbeitet, ertastet werden. Wir, die Unternehmer, sind am Zuge, das wissen wir.

Gleichgewicht zwischen Rechten und Pflichten

Das christliche Menschenbild ist das der mündigen, selbstverantwortlichen Person, die sich Gott und ihrem Gewissen verpflichtet weiß. Ihr soziales Verhalten ist dadurch bestimmt, daß sie unter dem Gebot der Nächstenliebe mehr Pflichten auf sich nimmt als Rechte beansprucht. Wenn jedes Subjekt der Gesellschaft diese Haltung einnimmt, ergibt sich als gesellschaftliche Resultante und als Norm für jeden ein Gleichgewicht zwischen Rechten und Pflichten mit der latenten Tendenz eines jeden, einen Überschuß an

Pflichten freien Willens zu übernehmen. Man mag skeptisch darüber urteilen, ob die sittliche Kraft aller Menschen für eine solche Haltung ausreicht, als Zielbild und kategorischer Imperativ ist das christliche Liebesgebot ohne Zweifel das genialste Ordnungsprinzip des menschlichen Zusammenlebens, das sich denken läßt. Es setzt aber, um zu einem gleichgewichtigen Gesellschaftsgefüge zu führen, notwendig die Gegenseitigkeit voraus. Wo diese Gegenseitigkeit fehlt, entstehen gefährliche Verfallstendenzen.

Die gefährlichste dieser Verfallstendenzen ist die, die man im 19. Jahrhundert Proletariat nannte und die in unserer Zeit fugenlos in die ihr wesensgleiche Erscheinung der Vermassung und Kollektivisierung übergegangen ist. Der Massenmensch ist einfach das Negativ des christlichen Menschenbildes. Sein Kennzeichen ist der verkümmerte oder fehlende Wille zum Personsein. Da wir diesem Verfall des Willens zum Personsein vornehmlich, wenn auch nicht ausschließlich, unter den Massen der Arbeitnehmer begegnen, muß am Anfang unseres gesellschaftspolitischen Gesamtkonzepts notwendig die Frage nach den Ursachen dieses Verfalls stehen.

Die Wurzel der *Proletarität* und der *Vermassung* ist sicherlich die *Lebensangst*. Die Menschen trauen sich nicht mehr, den Ungewißheiten des Lebens aus eigener Kraft zu begegnen, und suchen Schutz und Sicherheit hinter vermeintlich stärkeren Rücken, nämlich hinter dem Rücken der Kollektive, sei es Staat, Partei, Gewerkschaft, Verband, Betrieb. Sie wagen nicht mehr den harten Schritt aus dem Kindheitsparadies in die Selbstverantwortung des Erwachsenseins und halten, wenn sie erwachsen sind, eifrig Ausschau nach Pseudo-Vätern, die es ihnen erlauben, weiter in der Unschuld des Kindes in den Tag hinein zu leben. Aber diese Pseudo-Väter verlangen als selbstverständlichen Tribut dasselbe, was der echte Vater mit Recht von seinen unmündigen Kindern verlangt: Unterordnung und Gehorsam. Und in ihrer Lebensangst sind viele Menschen tatsächlich bereit, ihre Freiheit teilweise oder ganz dem aufzuopfern, der ihnen die heiß ersehnte Sicherheit verspricht. Mit solchen Leuten ist ersichtlich kein Staat zu machen, wenigstens kein demokratischer Staat. Demokratie funktioniert nur unter selbstverantwortlichen, eigenständigen, mündigen und kritischen Menschen. Wenn eine Mehrheit um der Sicherheit willen bereit ist, die Freiheit zu verkaufen, so heißt das den Scharlatan und Ehrgeizling herbeirufen, der mit Sicherheitsversprechungen nicht geizt, um billig zur Macht zu kommen. Wir haben es 1933 erlebt und wollen es nicht ein zweites Mal erleben.

Woher kommt diese zerstörende, entmannende Lebensangst? Letztlich ist sie gewiß die Geißel und folgerichtige Strafe einer glaublos gewordenen, religiös entwurzelten und ziellosen Welt. Daher ist der erste und beherrschende Punkt unseres gesellschaftspolitischen Programms für uns selbst und für die uns anvertrauten Menschen: *Rückführung zu Gott,* Festigung im Glauben, Religionsunterricht in den Schulen, auch in den Fachschulen, Apostolat in den Betrieben.

Angst vor Arbeitslosigkeit

Aber wir wollen daneben auch nicht übersehen, daß eine starke Menschengruppe in der heutigen industriellen Gesellschaft einen zusätzlichen, sehr realen Grund zur Lebensangst hat oder doch zumindest zu haben glaubt: Wir meinen die unselbständig Wirtschaftstätigen, die Arbeitnehmer, und wir meinen die panische Angst vor dem Schicksal der *unfreiwilligen Arbeitslosigkeit.* Wir Unternehmer sind uns völlig darüber klar, daß – nicht so sehr die wirkliche Gefahr – aber doch die verbreitete Angst vor unfreiwilliger, krisenhafter Arbeitslosigkeit heute das beherrschende Faktum unseres Soziallebens ist. Es ist nicht übertrieben zu sagen, daß das Erlebnis der Massenarbeitslosigkeit in den Jahren 1929 bis 1932 unserer Generation noch heute tiefer in den Knochen steckt als selbst der 2. Weltkrieg mit seinen Bombennächten und sonstigen Schrecknissen. Solcher Angst ist nicht mit klugen Worten beizukommen, nicht mit noch so überzeugter Versicherung, daß wir die damals allerseits begangenen Fehler, die die Weltkrise der Jahre 1929 bis 1932 ausgelöst und verschärft haben, längst erkannt haben, und daß sich diese Fehler nie wiederholen werden, und daß folglich auch an eine neue Krise nicht zu denken ist.

Und übrigens sind wir, wenn wir die Möglichkeit einer neuen Krise so weit von uns weisen, unserer Sache wirklich so sicher? Wir wollen uns wahrlich nicht in eine Krise hineinfürchten, aber man bannt eine Gefahr nicht ausschließlich dadurch, daß man sie ignoriert. Zumindest in einem Kreise wie diesem muß es erlaubt sein, ihr ins Auge zu sehen.

Bitte, verstehen Sie recht: es geht uns in diesem Zusammenhang nicht um die Rentabilität unserer Unternehmungen und um unsere eigene Unternehmer-Existenz. Das ist zwar auch ein berechtigtes Interesse, aber davon wollen wir in diesem Kreise nicht sprechen. Was uns hier bewegt, ist die sichere Voraussicht, daß eine Wiederholung krisenhafter Arbeitslosigkeit, wenn auch in viel geringerem Ausmaß als 1932, mit großer Wahrscheinlichkeit das Ende der freien Wirtschaft und das Ende der freien Welt bedeuten würde.

Die Angst vor unfreiwilliger Arbeitslosigkeit vergiftet unser Sozialleben bis in seine Wurzeln. Können wir es dem Arbeiter, der das Schicksal der Arbeitslosigkeit erlebt hat, dieses Schicksal, das ihn blindlings trifft, und gegen das auch noch so viel Fleiß, Tüchtigkeit und Selbstbehauptungswille nichts ausrichten, können wir es ihm verargen, daß er überhaupt daran verzagt, das Lebenswagnis aus eigener Kraft zu meistern? Krisen zeugen Kollektivismus. Wir verstehen es gut, daß die Parole von der Vollbeschäftigungspolitik eine so ungeheure Zugkraft hat. Leider ist es nicht unsere Parole, sondern die der andern. Natürlich wollen auch wir eine möglichst hohe Beschäftigung. Das Gefährliche an dem Schlagwort Vollbeschäftigungspolitik ist, daß es ein elementares Anliegen der Massen zum Vorspann für abenteuerliche wirtschaftspolitische Experimente benutzt, die mit großer Wahrscheinlichkeit in neuer Planwirtschaft, in Unfreiheit und Staatsabsolutismus enden.

Soziale Marktwirtschaft erfordert konjunkturpolitische Konzeption

Im dynamischen Prozeß der wachsenden Wirtschaft ist nach wie vor vieles rätselhaft und unerklärt. Es darf uns nicht wieder passieren, daß die freie Wirtschaft zwar mit der Überwindung des Mangels spielend fertig wird, aber stets Gefahr läuft, am Überfluß zu ersticken. Es mag manche goldene Regel der Wirtschaftsvernunft geben, der wir absolute Geltung zusprechen und die auch im statischen Modell zutrifft, aber unter den Voraussetzungen des dynamischen Prozesses einfach nicht mehr stimmt. Wir haben erstaunt aufgehorcht, als der Wissenschaftliche Beirat des Bundeswirtschaftsministeriums in seinem Protokoll vom 9. und 10. Januar zum Problem der Sicherung der wirtschaftlichen Expansion Empfehlungen und Warnungen aussprach, die deutlich von der statischen Orthodoxie der Wirtschafts-, Finanz- und Geldpolitik abrücken. Ohne Zweifel enthält die Konzeption des Wissenschaftlichen Beirats Elemente, die auch in der Theorie der Keynes-Schule eine große

Rolle spielen und bisher für unvereinbar mit marktwirtschaftlichen Ordnungsgedanken galten. So die Feststellung, daß eine Verschuldung des Staates an die Zentralnotenbank nicht grundsätzlich und in jedem Fall einen inflationären Prozeß darstellt, ja, daß die Unterlassung einer solchen Verschuldung u. U. Deflation mit allen ihren Schadensfolgen bedeuten kann. Ja, der Wissenschaftliche Beirat erwartet eine konjunkturpolitische Wirkung der von ihm empfohlenen Instrumente der Konjunktur-Belebung – als solche nennt er neben der Kreditausweitung die Senkung der Einkommensteuern und zusätzliche staatliche Investitionen – nur dann, wenn sie zu einem Defizit des Staatshaushalts führen. Das ist nichts anderes als das berühmte oder berüchtigte „deficit-spending". Solche Grundsätze dürften manchen, wahrscheinlich auch manchem Mitglied des Bundeskabinetts, als Anfang der Anarchie und Auflösung erscheinen, und wir würdigen auch durchaus das Verantwortungsbewußtsein, aus dem solche Gegenmeinungen entspringen. Auch wir waren und sind verblüfft. Aber wir fühlen uns auch nicht berechtigt, diese Abweichungen vom geraden Pfad des orthodoxen wirtschaftspolitischen Denkens in Bausch und Bogen zu verurteilen.

Nochmals: Wir haben nicht den Eindruck, daß eine Krise bevorsteht, aber wir haben leider auch nicht den Eindruck, daß die Regierung genau weiß, was sie im gegebenen Falle tun muß, um eine Krise abzuwenden. Was uns fehlt, und was wir dringend brauchen, ist eine klare und *einheitliche konjunkturpolitische Konzeption*. Die Marktwirtschaft hat in den letzten Jahren eindrucksvolle Zeugnisse ihrer Lebenskraft und ihrer schöpferischen Potenz gegeben. Ihre entscheidende Bewährungsprobe aber steht ihr noch bevor, dann nämlich, wenn sie einmal zeigen muß, daß sie auch mit dem Problem der Krisenverhütung fertig wird. Wir wünschen uns nichts sehnlicher und wir halten nichts für dringlicher als eine frühzeitige *Koordinierung der staatlichen Wirtschafts- Finanz- und Sozialpolitik* mit dem Ziel einer rechtzeitigen und vorsorglichen Einigung auf Mittel und Maßnahmen, die vielleicht schon sofort, insbesondere aber in massierter Form im Falle X anzuwenden wären. Die Marktwirtschaft wird erst dann sozial, wenn sie frei wird von der Bedrohung mit krisenhafter Arbeitslosigkeit. Nur wenn uns dies gelingt, haben wir Aussicht auf Erfolg bei unserem schon fast verzweifelten Bemühen, die erschreckend weit gediehene Entwicklung zum Kollektivismus abzubremsen und rückläufig zu machen. Von der Steuerreform, die gewiß in diesen Zusammenhang gehört, wollen wir heute nicht sprechen. Es scheint uns verfrüht, Betrachtungen über Mögliches und Geplantes anzustellen, solange der Regierungsentwurf zur Steuerreform erst in Fragmenten bekannt ist. Wir hoffen in einer späteren Begegnung mit Ihnen das Thema wieder aufgreifen zu können.

Was ist sozial?

Eine Gesellschaftspolitik, die sich die Ermutigung der Person zum Ziel setzt, wird nicht umhin kommen, *das Wesen des Sozialen* neu zu durchdenken und die Grundsätze der klassischen Sozialpolitik kritisch zu überprüfen. Die klassische deutsche Sozialpolitik können wir als historische Leistung nur bewundern. Aber wir fragen uns, ob ihre Grundsätze auch den heutigen, wesentlich veränderten Umständen noch adäquat sind. Das Neue erblicken wir vornehmlich in zwei Tatsachen:

1. Der Arbeitnehmer, der Lohnarbeiter, ist heute kein „Armer" mehr. Er ist, solange er in Arbeit steht, durchaus imstande, sich im Dasein aus eigener Kraft zu behaupten. Sein Realeinkommen erlaubt ihm schon heute im großen und ganzen, ein menschenwürdiges

materielles Leben zu führen, und es wird mit Gewißheit weiter steigen, in dem Maße wie die Produktivität der Wirtschaft wächst.

2. Das Tempo der dynamischen Entwicklung des Wirtschaftsprozesses hat sich inzwischen so sehr beschleunigt, daß es im Verlauf eines Menschenalters alle Maßstäbe des materiellen Seins merklich, z. T. umstürzend verändert.

Mit dem Begriff des Sozialen verbindet sich im heutigen Sprachgebrauch zumeist die Vorstellung von karitativer Fürsorge, Betreuung, ja auch einer gewissen Bevormundung. Ein sozialer Mann ist ein Mann, der viel Geld für andere ausgibt. „Sozial ist, wenn ich etwas kriege." Ist von diesem verfälschten Begriffsinhalt nicht auch einiges in die Praxis der staatlichen und unternehmerischen Sozialpolitik eingegangen? Angesichts der angeblich fortschrittlichen Sozialpläne in anderen Ländern, z. B. des Beveridge-Plans in England, oder auch des Sozialprogramms der SPD, verstärkt sich der Eindruck, daß das sozialpolitische Denken ganz allgemein eine entscheidende Wegscheide verpaßt hat und auf der alten Straße der Fürsorge geradewegs ins Totalitäre, sei es in den totalen Wohlfahrtsstaat, sei es in den totalen Betrieb, hineinsteuert.

Hilfe zur Selbsthilfe statt Fürsorge

Wo liegt diese Wegscheide? Sie liegt in der Erkenntnis, daß aus Wohltat Plage wird, sobald Fürsorge anfängt, die Selbsthilfe-Kräfte der Person, den Willen zur Selbstbehauptung und Selbstverantwortung verkümmern zu lassen. Der charakterlich gesunde Arbeiter will keine Fremdfürsorge, er will sein Recht und die Freiheit der Selbstbestimmung und ist stolz darauf, sein Leben auf eigene Rechnung und Gefahr führen zu können. Die Zersetzung der Personenhaftigkeit und Personenwürde, die Proletarität und Vermassung bekundet sich aber bei nicht wenigen anderen Zeitgenossen eben darin, daß ihnen der Stolz der Selbstbehauptung und Eigenständigkeit abhanden gekommen ist. Sie neigen dazu, aus ihrer bloßen Existenz den Anspruch abzuleiten, daß irgend jemand für sie sorgt, ihnen die Risiken des Lebens abnimmt, und die Sicherheit gegen alle Wechselfälle garantiert. Wir stellen uns die Frage, ob nicht manche Maßnahmen der staatlichen und auch unserer eigenen betrieblichen Sozialpolitik diesen gefährlichen Zersetzungsprozeß, diesen Verfall des Personbewußtseins und des Willens zur Selbstverantwortung bedenklich gefördert haben und damit das wirkliche Ziel des Sozialen, d. h. das Fähigmachen zum Leben in der Gesellschaft, völlig verfehlen. Wir sind bereit und im Begriff, die Methoden unserer eigenbetrieblichen Sozialpolitik unter diesem Gesichtspunkt ernstlich zu überprüfen. Das soll nicht heißen, daß wir unseren sogenannten Sozialaufwand verringern wollen, aber wir werden ihn vielleicht in andere Kanäle leiten. Wir denken z. T. an eine „Individualisierung der betrieblichen Sozialleistungen". Leitprinzip wird uns nicht die Fürsorge, sondern die *Hilfe zur Selbsthilfe,* die Weckung der Selbständigkeit sein. Wir haben den Eindruck, daß die Elite der Arbeiterschaft es selber satt hat, ständig als „sozial Schwache" angesehen und behandelt zu werden.

Fürsorge und Caritas für die wirklich Schwachen; Hilfe zur Selbsthilfe für alle die, die sich selber helfen können. Keine falsche Gutmütigkeit gegenüber denen, die sich selber helfen könnten, aber die würdelose Nutznießung der Fürsorge bequemer finden. Wirklich schwach sind heute – außer den Kinderreichen – eigentlich nur die, die wegen Alter oder körperlicher Schäden außerhalb des Wirtschaftsprozesses stehen. Auch in der staatlichen Sozialpolitik könnte und sollte zwischen Fürsorge und Hilfe zur Selbsthilfe stärker unterschieden werden. Es handelt sich um zwei grundsätzlich verschiedene Bereiche, für die auch verschiedene Gesetze gelten müßten.

Soziale Sicherung

In einer klaren und bewußten Trennung zwischen Fürsorge für die Bedürftigen zu Lasten der Allgemeinheit und wirklichem, wirtschaftlich fundiertem Versicherungs-Verhältnis für alle übrigen, scheint uns auch der Schlüssel zur Lösung des Problems der gesetzlichen *Krankenversicherung* zu liegen. Dem Nicht-Bedürftigen ist eine angemessene Selbstbeteiligung an den Krankheitskosten durchaus zumutbar. Wünscht er sie nicht, so muß er sich durch eine entsprechende höhere Prämie davon loskaufen. Wir können unseren Standpunkt zu dieser Frage hier nur kurz andeuten. Grundsätzlich erscheint uns jede Zuschuß-Wirtschaft in der gesetzlichen Krankenversicherung sinnlos und schädlich. Der Versicherte, wenn er nur ein wenig aufgeklärt ist, weiß längst, daß er diese öffentlichen Zuschüsse doch selber in Form von Steuern bezahlen muß.

Vor viel weiteren Horizonten sehen wir das Problem der gesetzlichen *Rentenversicherung*. Es wirft in vollem Umfang die für schlechthin alle Menschen wichtige Frage der Verteilung des Einkommens auf die verschiedenen Lebensphasen auf: Kindheit, Arbeitsalter, Lebensabend. Das Problem des Lastenausgleichs in der Familie (Kinderzulagen, FAK) bildet damit zusammen ein Ganzes.

Die Rentenversicherung ist das Kernstück der sozialen Sicherheit und wird es fürs erste auch bleiben. So gern wir, aus ethischen und gesellschaftspolitischen Erwägungen, dem Gedanken der persönlichen Eigentumsbildung als Unterpfand der Existenzsicherheit den Vorzug geben möchten, so klar sehen wir auch, daß das persönliche Eigentum in der breiten, heute eigentumslosen Masse des Volkes fürs erste nur eine ergänzende Funktion wird erfüllen können.

In ihrer Grundkonzeption ist die Rentenversicherung auf dem Prinzip der Kapitaldeckung begründet, d. h. es liegt die Vorstellung zugrunde, daß der Versicherte durch seine Beiträge ein, allerdings fiktives Kapital ansammelt, dessen Nenn-Betrag bei seinem Ausscheiden aus dem Erwerbsleben in eine Leibrente aufgelöst wird. Verbunden damit ist das Versicherungsprinzip des Risiken-Ausgleichs für vorzeitiges Ausscheiden aus dem Erwerbsleben durch Invalidität.

Das Kapitaldeckungsprinzip ist freilich bis zur Wesenlosigkeit ausgehöhlt, nachdem zwei Inflationen die Reserven vernichtet haben und die Sozialversicherung in beträchtlichem Maß auf Zuschüsse aus dem Staatshaushalt angewiesen ist. Diese öffentlichen Zuschüsse haben aber auch in der bedenklichsten Weise dazu geführt, daß der gesunde Versicherungsgedanke in den Hintergrund getreten ist und von Elementen der Fürsorge überwuchert wurde. Man braucht sich nur an den Begriff „Bedürftigkeitsprüfung" zu erinnern, der immer wieder in die Debatte kommt, um zu ermessen, wie stark der ursprüngliche Gedanke verfälscht worden ist.

Als Grundprinzip fordern wir, daß die gesetzliche Rentenversicherung einen ebensolchen Rechtsanspruch begründen muß wie jeder private Versicherungsvertrag. Wo Bedürftigkeit vorliegt, die – wie wir hoffen dürfen – binnen einiger Jahrzehnte als Massenerscheinung verschwinden wird, hat die Fürsorge auf den Plan zu treten, als eine im Wesen grundverschiedene, von der selbst verdienten Altersversicherung streng zu trennende Maßnahme der sozialen Solidarität.

Als zweites: Die Rentenversicherung muß sich selber tragen, d. h. auf jede Staats-Subvention verzichten. Es ist eines mündigen und selbstverantwortlichen Menschen unwürdig, einen Teil seiner Altersversicherung angeblich dem Staat verdanken zu müssen. In Wahrheit ist diese Subvention ja auch nur ein optischer Trick. Die Subventionen müssen ja auch von der Masse derer, denen sie zugedacht sind, in Form von Steuern aufgebracht werden.

Drittens: Die sehr modernen und in gewissem Sinne umstürzenden Gedanken von Herrn Bundesminister *Storch*, die wir aus seinen noch fragmentarischen Äußerungen über die Reform der Sozialversicherung herauszulesen glauben, haben in einigen, freilich noch vereinzelten Kreisen unseres Bundes Diskussionen angeregt, in deren Verlauf wir uns die Frage stellen, ob es überhaupt sinnvoll ist, dem Phantom des Kapitaldeckungsprinzips weiter nachzujagen. De facto kann eine Altersversorgung, an der mehr als die Hälfte der Bevölkerung teilhat, immer nur auf einem Umlageverfahren beruhen: die jeweils Erwerbstätigen ernähren die jeweils im Rentenalter Stehenden und erwerben dadurch den Anspruch, ihrerseits von der kommenden Generation der Erwerbstätigen ernährt zu werden, wenn sie selber aus dem Erwerbsleben ausscheiden. Eine Bestandsbildung ist überhaupt nicht vonnöten, es werden jeweils heute erarbeitete Einkommensteile heute verzehrt. Das ist der klare Fall eines gesellschaftlichen Solidarvertrags. Diese Konstruktion ermöglicht es außerdem, die Höhe der Altersrenten dem jeweiligen Einkommensstandard proportional zu halten, d. h. praktisch auch die Alten an der wachsenden Produktivität der Wirtschaft und an dem entsprechend steigenden Lebensstandard teilhaben zu lassen, während heute – wie Minister *Storch* mit Recht betont – die Steigerungsbeträge der Rentenversicherung sich ungerechterweise nach längst historisch gewordenen Beitragsleistungen aus Zeiten mit ganz anderem Geldwert und ganz anderem Lebensstandard berechnen.

Der Gedanke ist zu neu, als daß wir heute abschließend dazu Stellung nehmen könnten. Bestechend daran erscheint uns aber auch die Möglichkeit, die Durchführung dieser Solidarverträge in viel kleineren Personengruppen, z. B. innerhalb von Berufsgenossenschaften zu organisieren und sie damit einer wirklichen und als solche empfundenen Selbstverwaltung der Versicherten zu überantworten. Ihnen sollte es auch frei stehen, oberhalb einer gesetzlich festgelegten Mindestgrenze die Höhe der Beiträge und damit die Höhe der später genossenen Rente in freier Entschließung festzulegen. Damit wäre dem inbrünstigen Verlangen nach Existenzsicherheit ein autonomes Betätigungsfeld gegeben.

Familien-Lastenausgleich

Mit großem Nachdruck haben wir uns für die Verwirklichung eines *Familien-Lastenausgleichs,* d. h. für die Begünstigung der kinderreichen Familien eingesetzt. Es steht für uns außer Frage, daß es sich hier nicht um eine Fürsorgemaßnahme, sondern um die konstruktive Überwindung eines gesellschaftlichen Mißstandes handelt. Die Tatsache, daß das Verhältnis der Arbeitsfähigenzahl zur Zahl der Altersrentner in den kommenden Jahrzehnten immer ungünstiger wird, macht deutlich, daß die Familie mit mehr als 2 Kindern – ganz abgesehen vom sittlich-religiösen Wert des Willens zum Kinde – der Gesellschaft einen Dienst leistet, während die kinderarme und kinderlose Ehe der Gesellschaft einen Dienst schuldig bleibt. Denn die Kinder von heute sind ja die Arbeitskräfte und Einkommensspender von morgen. Wir haben uns daher, nicht ohne Erfolg, in unseren eigenen Reihen und – auf dem Weg über die Verbände, denen unsere

Mitglieder angehören – auch in der Gesamtwirtschaft, für die freiwillige Einführung von Kinderzulagen, möglichst mit dem Ziel der Bildung von Ausgleichstellen auf regionaler oder Branchen-Ebene, eingesetzt. Da aber mit freiwilliger Einführung von Kinderzulagen und Ausgleichstellen auf der ganzen Frontbreite der Wirtschaft kaum zu rechnen ist, stimmen wir – heute wie gestern – auch einer gesetzlichen Regelung von Herzen zu, die gewisse Mindestnormen zwingend vorschreibt. Wer an den vorparlamentarischen Verhandlungen zum Gesetzentwurf Winkelheide teilgenommen hat, wird wissen, daß es in erster Linie Männer aus unserem Kreise waren, die diesem Gesetzentwurf gegen einen Wust von Unverstand und Ahnungslosigkeit Achtung und Verständnis in den Kreisen der Wirtschaft erkämpft haben.

Der Umstand, daß die Spitzenverbände der Industrie sich damit einverstanden erklärten, die Kinderzulagen allein von den Arbeitgebern tragen zu lassen, geht nicht zuletzt auf die beharrliche Werbung und Aufklärung zurück, die unsere Mitglieder in den maßgebenden Gremien geleistet haben.

Eigentumsbildung

Als eine der dringlichsten und aussichtsvollsten gesellschaftspolitischen Maßnahmen betrachten wir die Förderung der *Eigentumsbildung in den breiten Schichten,* insbesondere bei den Arbeitnehmern. Wir sind überzeugt davon, daß die Frage, ob die bisher eigentumslosen Arbeitnehmer in dem Maße, wie ihr Einkommen über das Existenzminimum hinauswächst, mit dem Prozeß der persönlichen, privaten Eigentumsbildung beginnen werden oder nicht, eine Lebensfrage für den Fortbestand einer freiheitlichen Gesellschaftsordnung und ebenso auch für die weitere wirtschaftliche Expansion ist. Der Wille zum Eigentum unterscheidet den Bürger vom Proletarier, die selbstverantwortliche Person vom wurzellosen Massenmenschen. Eigentum macht sozial und weckt und stärkt die demokratischen Tugenden. Wir waren übrigens baß erstaunt, in der jüngsten Rede des Herrn Dr. *Dehler* diesbezügliche Äußerungen zu finden, die mit unseren Auffassungen bis in die Formulierung hinein übereinstimmen. Wir können uns die Zukunft unserer Gesellschaft und der Sozialen Marktwirtschaft nur so vorstellen, daß sie von einem breiten Unterbau von Eigentümern getragen werden. Mit einer breiteren Streuung des Eigentums verschwinden mit Sicherheit sehr viele Interessenkonflikte, die heute unser Sozialleben gefährden.

Um Mißverständnissen vorzubeugen, wollen wir nur noch einen Gedanken hier ausdrücklich wiederholen. Das Problem der Eigentumsbildung in Arbeitnehmerhand wird in der Öffentlichkeit zumeist sehr einseitig gesehen. Man spricht von „Miteigentum", versteht darunter die Teilhabe der Arbeitnehmer an der Kapitalsubstanz des Betriebes, in dem sie beschäftigt sind, und erwartet vom Arbeitgeber, daß er seinen Mitarbeitern unter irgendwelchen Titeln solche Anteile als zusätzliche Einkommensteile übereignet. Das ist gewiß in manchen Fällen eine sinnvolle und mögliche Form und Quelle der Eigentumsbildung, aber doch nur eine sehr spezielle Sonderform, die durchaus keine Allgemeingültigkeit beanspruchen und keineswegs als *die* Lösung angesehen werden darf.

Wohneigentum – erlebbares Eigentum

Wir sind uns darüber klar, daß es ein hartes Stück Arbeit sein wird, die breiten Schichten, die in ihrer ganzen historischen Existenz eigentumslos waren und sich in ihrer Lebenserwartung auf Konsum und nicht auf ein Wirtschaften auf weite Sicht eingestellt haben, zur Wertschätzung des Eigentums zu erziehen. Man wird kaum erwarten dürfen, daß sich die Freude am Eigentum bei diesen Eigentümer-Anfängern sofort an dem Anblick von Aktien und anderem bedrucktem Papier entzünden läßt. Für den Anfang werden gegenständliche und greifbare Formen des Eigentums viel bessere Aussichten haben, verstanden und geschätzt werden: das Eigenheim, aber nicht nur das Eigenheim, auch die Eigentumswohnung und das kleine Miethaus. Der Versuch, den Eigentumswillen der Arbeitnehmer auf diese Formen des Eigentums hinzulenken, scheitert z. Z. mit Notwendigkeit an der Mietstopp-Gesetzgebung, die das Hauseigentum hoffnungslos unrentabel macht.

Das vordringliche Problem erschöpft sich nicht in einer Anhebung der Altbaumieten, ein dynamischer Impuls auf den Eigentumswillen und den privaten Wohnungsbau kann nur von einer Anhebung aller Mieten mit Einschluß derer des sozialen Wohnungsbaus auf das tatsächliche heutige Kostenniveau ausgehen. Der heute beliebte Begriff der „manipulierten Kostenmiete", die durch Verzicht auf Verzinsung und unzureichende Tilgung der staatlichen Wohnungsbaudarlehen künstlich niedrig gehalten wird, ist eine gefährliche Halbheit, die den Zustand von heute praktisch unverändert läßt. Wir kennen selbstverständlich die gewaltigen Schwierigkeiten, die einer Bereinigung der Wohnungswirtschaft heute noch im Wege stehen. Es erscheint uns glaubhaft, daß wir auf diesem Gebiet auf Jahre hinaus nicht ohne ein System von Subventionen auskommen werden. Was wir bemängeln, ist aber die Form, wie diese Subventionen heute gegeben werden, nämlich eine Form, die höchst unnötigerweise die Nebenwirkung hat, die wirtschaftlichen Daten zu verfälschen und dadurch die Privatinitiative auf diesem wichtigen Sektor völlig zu ersticken. Jeder Einsichtige weiß heute, daß die vom Staat herbeigeführte Verbilligung der Mieten nichts als eine grandiose Spiegelfechterei ist; was der Mieter an der Miete einspart, muß er an Steuer mehr aufwenden. Ein wirklicher sozialer Ausgleich wäre in Form direkter Subventionen viel genauer zu treffen und könnte sich auch auf die Fälle wirklicher Bedürftigkeit beschränken. Auch hier wäre eine saubere Scheidung zwischen Fürsorge – wo sie am Platze ist – und gesunder Wohnungspolitik dringend zu wünschen.

Wir vertreten hier nicht die wirtschaftlichen Interessen der Mietshausbesitzer, deren wir wahrscheinlich sehr wenige unter uns haben. Wir vertreten die Interessen unserer noch eigentumslosen Arbeitnehmer, denen wir die Chance zum Hineinwachsen in die für sie nächstliegende und natürlichste Form des Eigentums, nämlich das Haus- und Wohnungseigentum, erschließen wollen. Die Bereinigung der Mietstopp-Gesetzgebung ist nicht allein eine Forderung der wirtschaftlichen Vernunft, sie ist noch mehr die notwendige Voraussetzung einer gesunden und groß angelegten Gesellschaftspolitik.

Soziale Bildung

Die Frage der Eigentumsbildung, deren Lösung so sehr vom Willen eben derer abhängt, deren Hineinwachsen in das Eigentum wir wünschen und fördern wollen, macht deutlich, welche Bedeutung der *sozialen Bildung* auch der breitesten Schichten unseres Volkes zukommt. Daß das Tatsachenwissen und die staatsbürgerliche Bildung der breiten Massen unseres Volkes auf einem geradezu erschütternden Niveau und in einem grotesken Mißverständnis zu seinen politischen Rechten stehen, haben zahlreiche Meinungs-Enquêten, die in unserem Auftrag vom Allensbacher Institut durchgeführt worden sind, auf die erschreckendste Weise deutlich gemacht.

Man kann aus diesem Sachverhalt zweierlei Schlüsse ziehen. Entweder: Das Volk ist dumm und wird dumm bleiben; also wollen wir uns bemühen, die voreilig beschlossene Demokratie unversehens in eine Oligarchie oder Diktatur zurückzuverwandeln. Das wäre fraglos die bequemere Lösung. Oder: Wir müssen trachten, die breite Masse des Volkes wirklich zur Ausübung der demokratischen Rechte fähig zu machen.

Selbstverständlich entscheiden wir uns für die zweite Konsequenz. Die Verbreitung staatsbürgerlicher und sozialer Bildung ist eines der Hauptziele unseres Bundes. Und wir sind gewiß, daß wir dabei Ihre Unterstützung haben, meine Herren von Parlament und Regierung.

Die Ideologie des Sozialismus ist im Absterben. In der Seele des Arbeiters breitet sich ein Vakuum aus; es besteht die Gefahr, daß er einem weltanschaulichen Nihilismus anheimfällt, der vielleicht noch gefährlicher ist als die alte Klassenkampf-Ideologie. Es besteht aber auch die Chance, daß wir in dieses Vakuum mit der wahrhaft erlösenden Heilslehre des christlichen Sozialdenkens hineinstoßen. Das ist unser Ziel. Vielleicht hat mancher von Ihnen von der christlichen Soziallehre einen etwas veralteten Begriff. Sie war bislang wesentlich vom Mitleid mit dem „sozial schwachen" Arbeiter geprägt. Es ist vielleicht die historische Rolle unseres Bundes, daß wir es vermocht haben, den viel verleumdeten Unternehmer mit ins Gespräch zu bringen. Das ist uns u. a. dadurch gelungen, daß wir einem so modernen Denker wie Professor *Höffner*, der unser geistlicher Berater ist, ein breites Wirkungsfeld öffnen konnten.

Die Botschaft des sozialen Friedens*

Die geistige Entwicklung der jüngsten zehn Jahre hat die Aussagen der Katholischen Soziallehre zunehmend relativiert. Viele behaupten, die Katholische Soziallehre sei mit ihrem Latein zu Ende und sie habe der Gegenwart und Zukunft nichts mehr zu sagen.

Das trifft ganz und gar nicht zu. Die Kernaussage der Katholischen Soziallehre ist die Botschaft des sozialen Friedens, und diese Botschaft ist so aktuell und zukunftverheißend wie noch nie. Ja, die Katholische Soziallehre hat in unseren Tagen starke Bundesgenossen gewonnen: die moderne Wirtschafts- und Sozialwissenschaft und die erfolgreiche Praxis der sozialen Betriebsgestaltung in gut geleiteten, fortschrittlichen Unternehmungen. Die frühere Katholische Soziallehre kündete die Botschaft des sozialen Friedens als Wunschvorstellung, als Ziel, als Aufgabe, die durch Einsatz guten Willens und moralischer Kraft – hauptsächlich von seiten der Unternehmer – zu erfüllen sei. Die moderne Wirtschafts- und Sozialwissenschaft ergänzt diese Botschaft durch den bündigen Nachweis, daß die soziale Harmonie, der friedliche Interessenausgleich zwischen den verschiedenen Gruppen, die im Sozialprozeß zusammenwirken (z. B. Arbeitnehmer und Unternehmer), nicht nur eine ethische Soll-Forderung, sondern eine greifbare Wirklichkeit der entwickelten freiheitlichen Gesellschaft sein kann.

Die alte Kritik der „neuen" Linken

Die lautstarke Sozialkritik der neuen Linken, von der sich aber unterschwellig auch besonnene Köpfe beein-

---

* Vortrag, gehalten auf einer BKU-Tagung in Bad Kreuznach am 15. April 1972

drucken lassen, behauptet das Gegenteil. Sie ist eine Neuauflage des Klassenkampfdenkens, das von vermeintlich unüberwindlichen Interessengegensätzen, vom angeblich permanenten Konflikt zwischen Arbeitnehmern und Unternehmern ausgeht und sich daher alles Heil von der Beseitigung des Sozialtyps Unternehmer, von der Diktatur des (gar nicht mehr existierenden) „Proletariats" verspricht und folglich auf die totale Abkehr von der freiheitlichen Wirtschafts- und Sozialordnung – „Soziale Marktwirtschaft" – hinauswill.

Dieses Denken und der Wille zu „systemüberwindenden Veränderungen" der Gesellschaft ist nun wahrlich alles andere als modern und fortschrittlich, sondern platterdings ein verstaubtes Relikt aus dem 19. Jahrhundert, damals erwachsen aus sozialen Verhältnissen in Europa, die mit den heutigen gar keine Ähnlichkeit mehr haben, – ein steriler Rückgriff auf zeitgebundenes Gedankengut der Urgroßväter-Generation. Von den spektakulären Erfolgen der freiheitlichen Wirtschafts- und Gesellschaftsordnung – besonders markant in den letzten zwanzig Jahren – nimmt die Sozialkritik der neuen Linken überhaupt keine Notiz. Sie nimmt als selbstverständlich, daß der Sozialprozeß in den entwickelten Industrieländern der westlichen Welt noch nie so chaotisch und ungerecht war wie heute.

Das Pendel der Meinungen schwingt heute nach links, – es wird später auch einmal wieder in Richtung auf seine gesunde Mittellage zurückschwingen. Aber das geschieht nicht von selbst. Die Berufenen müssen die Botschaft des sozialen Friedens künden. Berufen ist die Katholische Soziallehre – Arm in Arm mit der modernen Wirtschafts- und Sozialwissenschaft. Ihr berufener, zur Tat verpflichteter Interpret ist heute mehr denn je der Bund Katholischer Unternehmer. Seine Aufgabe ist heute dringlicher und schärfer profiliert als je zuvor. Davon sollen die folgenden Ausführungen handeln.

Wenn heute wieder von den „immanenten Widersprüchen des kapitalistischen Systems" gesprochen wird, so haben wir darauf zweierlei zu erwidern: erstens, daß es den Kapitalismus in unserem Lande nicht mehr gibt. Er war ein Geschöpf der turbulenten Frühzeit der industriellen Ära im 19. Jahrhundert und mag heute in weniger entwickelten Ländern noch in aufreizenden Zügen fortbestehen. Zweitens: Das „System" der freiheitlichen Wirtschafts- und Gesellschaftsordnung ist – zumindest in unserem Land – als greifbar nahes (wenn auch noch keineswegs voll erreichtes) Zielbild moralisch ausgewogen und in seiner Dynamik widerspruchsfrei.

Die große Wende in der ethischen Grundhaltung des heutigen freiheitlichen Sozialdenkens hat Franz *Greiß* (schon im Jahre 1952!) durch ein tiefgründiges Wort gekennzeichnet:

„Es gibt heute keinen einseitigen Vorteil mehr, den einzelne Menschen, einzelne Gruppen oder ‚Klassen', einzelne Länder oder Kontinente für sich zum Schaden anderer erlisten oder erzwingen können. Vorteil wird es fortan nur noch geben als Teilhabe am gemeinsamen Vorteil aller."

Dieses Wort trifft genau den Kerngehalt der christlichen Soziallehre und ihrer irenischen Botschaft. Es ist die moderne Ausprägung des Solidaritätsprinzips. Es bezeugt das „Wunder des Sozialen": daß nämlich die Kraft einer zu gemeinsamem Ziel zusammenwirkender Gruppe größer ist als die summierten Kräfte der einzelnen.

Die Synthese aus sittlich-religiösem Impuls und rationaler (wissenschaftlicher) Analyse als Grundlage der Sozialethik ist auch im evangelischen Raum herangereift. Für den Vollzug dieser Synthese und für die Fortentwicklung einer religiös inspirierten Soziallehre und Sozialethik versprechen wir uns viel vom Beitrag evangelischer Christen, insbesondere im Hinblick auf eine Aussöhnung der christlichen Moralphilosophie mit dem uralten, ewig jungen, geläuterten „liberalen Gedanken". Wir wollen daher im Folgenden nicht mehr von der katholischen, sondern von der christlichen Soziallehre sprechen.

Der liberale Gedanke

Die alten Liberalen verkündeten mit begeistertem Pathos die Lehre von der „prästabilierten Harmonie", jener optimalen Ordnung in Freiheit, die sich von selbst einstellen werde, wenn man die Menschen nur nicht daran hindere, ihren natürlichen Neigungen und Strebungen stattzugeben. Eine „unsichtbare Vaterhand", so meinte der deistische Moraltheologe Adam *Smith*, füge die Dinge so, daß sich aus dem Zusammenwirken von vielen tausend Egoismen auf wunderbare Weise das Gemeinwohl ergebe. Der Schöpfer habe in das Wesen der Menschen solche Anlagen und Impulse hineingelegt, daß sie, wenn sie in Freiheit handeln, zugleich – und auch ohne es ausdrücklich zu wollen – die soziale Gerechtigkeit verwirklichen. Die letztendliche Übereinstimmung der Interessen sei eine den Menschen von ihrem Schöpfergott verliehene Gnade.

Dieser liberale Gedanke, dieser Glaube an die Ordnungskraft der Freiheit, war und ist wahrlich ein großer und begeisternder Gedanke. Aber herbe Enttäuschung folgte ihm auf dem Fuß. Das zu Ende des 19. Jahrhunderts anbrechende Zeitalter des liberalen Industrialismus hat den Glauben an den Automatismus der sozialen Harmonie wahrlich nicht bestätigt. Die Frühphase des Industriezeitalters, gekennzeichnet durch das niederdrückende Phänomen der Proletarität mit Massenarmut und hoffnungsloser Verelendung, bot ein soziales Zustandsbild, das von sozialer Harmonie und Interessenausgleich weltenweit entfernt war.

War also der liberale Gedanke ein Irrweg des Denkens, ein verführerisches Trugbild, ein schlichter Irrtum? Zahlreiche Denker und Politiker – auch und gerade im katholischen Raum – haben tatsächlich diesen resignierten Schluß gezogen. Liberalismus wurde in weiten Kreisen geradezu ein Schimpfwort.

Die soziale Entwicklung der letzten Jahrzehnte, geprägt durch einen freilich stark gewandelten und geläuterten Liberalismus („Soziale Marktwirtschaft"), gibt uns Anlaß, das bedingungslose Verdammungsurteil wider den Liberalismus zu revidieren und das Problem erneut zu durchdenken. Hinzu kommt die in jüngster Zeit herangereifte Einsicht, daß an der Entstehung der Proletarität nicht so sehr das soziale Gestaltungsprinzip „Freiheit" als vielmehr das unbändig schnelle Bevölkerungswachstum des 19. Jahrhunderts (in Deutschland fortwirkend bis 1915) schuld war, – mithin ein Geschehen, das zwar auch erst durch die industrielle Revolution ausgelöst und ermöglicht wurde, aber doch in seiner schicksalhaften Spontaneität außerhalb einzelmenschlicher Verantwortung lag.

Wir müssen das Problem neu durchdenken, auch in theologischer Hinsicht. Vielleicht war das fehlerhafte Element im ursprünglichen, in der Euphorie der Entdeckerfreude maßlos übersteigerten liberalen Gedanken die Verabsolutierung der Gnade als alleiniges Erfordernis für das menschliche und gesellschaftliche Heil. Dieser Glaube an die Alleinmacht der Gnade liegt (oder lag früher) dem protestantischen Denken nahe. Die katholische Theologie hat demgegenüber immer betont, daß die göttliche Gnade, um das Heil zu bewirken, der tätigen *Mitwirkung* der Menschen *in* der Gnade bedarf. Vielleicht ist es so: In der Freiheit steckt tatsächlich eine gewaltige Ordnungsmacht, eine

Verheißung der Gerechtigkeit. Aber die Segenswirkungen der Freiheit fallen uns nicht wie reife Früchte in den Schoß. Die Gnade liegt als virtuelle Heilsmöglichkeit vor uns, aber wir müssen in ihr aktiv mitwirken, um ihren Heilseffekt herbeizuführen. D. h. konkret: Die menschliche Gesellschaft ist der bewußten Gestaltung sowohl fähig wie bedürftig. Wir brauchen nicht – um der Gerechtigkeit willen – auf die Freiheit zu verzichten, aber der Gesetzgeber muß der Freiheit einen Ordnungsrahmen setzen, der sie auf das Gemeinwohl hin orientiert. Die wesentlichsten Elemente dieses Ordnungsrahmens, in dem sich die wirtschaftliche und soziale Freiheit heilbringend auswirken kann, können wir heute ganz konkret angeben: Wettbewerb, Globalsteuerung der Wirtschaft (mit dem Ziel der Stabilität), Vollbeschäftigungspolitik.

Dem blinden Glauben der Alt-Liberalen an die absolute, aus sich selbst wirkkräftige Ordnungskraft der Freiheit haben wir entsagt. Wir wissen, daß das Wohl der Gesellschaft das Heil der Menschen uns nicht von selber, durch einen blind waltenden Automatismus zufallen wird, daß vielmehr zur Realisierung des humanen Fortschritts immer Wille und Tat, Aufwand sittlicher Kraft von seiten lebender Menschen, seien sie Politiker, Gesetzgeber, Unternehmer, Gewerkschaftsführer oder was immer, erforderlich ist.

Gleichwohl bleibt vom liberalen Gedanken ein faszinierender und begeisternder Kerngehalt heute und für immer gültig. Im liberalen Gedanken steckt die Verheißung des sozialen Friedens in Freiheit und Gerechtigkeit – und der Appell an alle Menschen guten Willens, den sozialen Frieden durch Gebrauch der Vernunft (ohne Verzicht auf den eigenen Vorteil) zu verwirklichen.

Der liberale Gedanke ist – entgegen der Meinung vieler Theologen – ein wahrhaft christlicher, irenischer, friedenbringender Gedanke.

Die christliche Soziallehre fordert den sozialen Frieden als sittliches Postulat. Sie verlangt von den verschiedenen Gruppen der Gesellschaft (z. B. von den Unternehmern und den Arbeitnehmern), daß sie sich unter Aufwand sittlicher Kraft, also nötigenfalls auch entgegen dem Streben nach dem eigenen Vorteil, friedlich, konziliant, „gerecht", ja altruistisch verhalten. Da im ganzen 19. Jahrhundert bis hin in die jüngste Vergangenheit die Arbeitnehmer tatsächlich der schwächere Teil waren, richtete sich diese Aufforderung vornehmlich an die Unternehmer. Sie, die (vermeintlich noch heute) Mächtigen, sollten ihrem Gewinnstreben um der Gerechtigkeit willen Zügel anlegen und aus sittlichem Impuls altruistisch handeln. Die christliche Soziallehre legitimierte den patriarchalischen Arbeitgeber.

Ohne Zweifel war diese an die Unternehmer gerichtete Forderung der Intention nach ein mächtiges Bollwerk wider die marxistische Klassenkampfdoktrin, die die Interessengegensätze zwischen Unternehmern und Arbeitnehmern für naturgegeben und unüberwindlich hält und sich daher den sozialen Frieden nur von der Ausrottung des Unternehmers, von der „Diktatur des Proletariats" (und das heißt praktisch: von der staatlich gelenkten Befehlswirtschaft unter Preisgabe der bürgerlichen Freiheiten) versprechen kann. Prinzipiell war also die christliche Soziallehre alten Stils, die den sozialen Frieden von der sittlichen Kraft, vom Altruismus der Unternehmer erhoffte, ein gewaltiger Fortschritt gegenüber der altsozialistischen Klassenkampflehre.

Aber soziale Konzepte, die alles Heil von der sittlichen Höherentwicklung einzelner Gruppen oder der Menschen schlechthin erwarten (– der orthodoxe Kommunismus baut auf den „neuen Menschen", der keinen Eigennutz kennt und nur dem Gemeinwohl zugewandt ist –), sind nichts anderes als Sozial-Utopien, die sich in phantastischen Schwärmereien ergehen und an der menschlichen Natur, so wie sie nun einmal nach dem Willen ihres Schöpfers ist, vorbeisehen.

Tatsächlich ist der Eigennutz das stärkste aller Motive, die den Menschen zum Handeln veranlassen. Tatsächlich kann man a priori von keinem Menschen erwarten, daß er um des Gemeinwohls willen sein Selbstinteresse verleugnet.

Jugendliche Eiferer begehen öfters den Fehler zu glauben, eine Gesellschaftsordnung sei um so besser, um so edler, um so sittlich reifer, je mehr Aufwand an sittlicher Kraft, je mehr Hintanstellung des Selbstinteresses sie vom einzelnen Menschen verlangt. Das ist reine Sozial-Utopie oder krasser ausgedrückt, Sozial-Kitsch. Ob es uns paßt oder nicht: Die Moral ist die Mangelware auf dem Markt des Sozialprozesses. Mit Mangelware muß man sehr haushälterisch umgehen. Wir brauchen die Moral dringend, um den Sozialprozeß zu glätten, zu harmonisieren, zu humanisieren. Wir sollten dieses wahrhaft knappe Gut Moral nicht schon dazu verschwenden, die primitiven Grundfunktionen des Sozialprozesses in Gang zu halten. Es muß – zum Verdruß jugendlicher Eiferer und der unentwegt Einfältigen – gesagt werden: Eine Gesellschaftsordnung ist sittlich um so reifer, *je weniger* Aufwand an moralischer Kraft sie dem einzelnen und den Gruppen abfordert oder aufnötigt. In dieser Einsicht steckt die ungeheure Faszination des liberalen Gedankens: Freiheit – und damit auch die Auswirkung des eigenen Vorteilstrebens – ist die stärkste Triebkraft der Gesellschaft in Richtung auf soziale Gerechtigkeit. Freiheit und Gerechtigkeit, so sagt der liberale Gedanke, sind keine Gegensätze, keine Alternativen, zwischen denen wir verzagt wählen müssen. Freiheit ist notwendige (wenn auch noch nicht ausreichende) Voraussetzung und Motor der Gerechtigkeit. Diese Einsicht vermittelt uns die moderne, von Soziologie und Psychologie unterbaute Volkswirtschaftslehre. Sie lehrt uns, daß die vermeintlich unüberbrückbaren Interessengegensätze zwischen Unternehmern und Arbeitnehmern oder zwischen „Arbeit" und „Kapital" in Wirklichkeit gar nicht existieren (so in bezug auf die Verteilung des Ertrags) oder doch so harmlos und so wenig tiefgreifend sind, daß sie durch Anwendung bloßer Vernunft überbrückt werden können.

Der Gedanke der betrieblichen Partnerschaft ruht auf einer sehr soliden Grundlage, nämlich auf der Einsicht, daß es die viel berufenen, von der neuen Linken dramatisch akzentuierten Interessengegensätze zwischen Arbeitnehmern und Unternehmern überhaupt nicht gibt. Die Interessen der beiden Gruppen sind vielmehr gleichgerichtet. Geschäftsleitung und Mitarbeiter bilden eine Interessengemeinschaft.

Diese These klingt vielleicht aufreizend: Scheinbar sprechen viele betriebliche und überbetriebliche Erfahrungen gegen sie. Aber die Einsichten der modernen Volkswirtschaftslehre, die im folgenden vorgetragen werden, zeugen eindeutig von der Interessengleichheit. Die gegenteiligen Erfahrungen beruhen lediglich auf tiefeingewurzelten Verhaltensgewohnheiten, die längst obsolet geworden und nur noch historisch erklärbar sind.

Wahrscheinlich ist es so, daß die Unternehmer sich die Kontra-Stellung, die sie weithin behaupten, von der entsprechenden Kontra-Stellung der sozialen Institutionen, z. B. der Betriebsräte und der Gewerkschaften, suggerieren und aufzwingen lassen. Druck erzeugt Gegendruck, das ist verständlich. Aber dieser Druck und Gegendruck ist angesichts der Tatsachen sinn- und funktionslos geworden. Wir müssen aus diesem Teufelskreis des Scheinkämpfens, des nur noch optisch, aber nicht mehr ursächlich motivierten Kollisionskurses herauskommen. Einer muß den Anfang machen, – warum sollten es nicht die Unternehmer sein?

Höherer Informationsgrad, vertiefte Einsicht in die Zusammenhänge verstärken die Friedensbereitschaft. Sachliche Information, Aufklärung, Bildung verbessern die soziale Atmospäre, – freilich nur dann, wenn die Information sachlich ist, sich auf Wissenschaft berufen kann und sich nicht – wie es heute wieder modisch geworden ist – auf die Klassenkampf-Doktrin beruft. Die Klassenkampf-Doktrin ist ein verstaubtes Museumsstück aus der Mitte des vorigen Jahrhunderts. Nur mangelnde Information, kurzsichtige Betrachtungsweise täuscht Interessengegensätze vor. Wer weiter blickt, die großen Zusammenhänge kennt und durchschaut, wird tolerant und fähig, mit seinen Mitmenschen in Eintracht zu leben.

Der Verteilungsprozeß – ein Schaukampf

Es gilt zur Zeit beinahe als unumstößliches Dogma, daß Unternehmer und Arbeitnehmer in einen permanenten, schicksalhaften und unvermeidlichen Kampf um die Verteilung des Betriebsertrages miteinander verstrickt sind, – daß nirgends so deutlich wie im Prozeß der Einkommensverteilung „natürliche" Interessengegensätze zum Austrag kommen. Die irenische Botschaft der Wissenschaft, die These, daß die menschliche Gesellschaft tatsächlich auf ein friedliches Miteinander hin angelegt ist, daß nur ein wenig Weitsicht dazu nötig ist, um diesen virtuell gegebenen sozialen Frieden auch tatsächlich zu verwirklichen, – diese These erscheint in keinem Bezug so illusionär, so unwirklich, so leicht widerlegbar wie angesichts des volkswirtschaftlichen Verteilungsprozesses. Ist es nicht offenkundig, daß die Eigner der Produktionsfaktoren, die Arbeiter, die Kapitalgeber, um jede Mark des Volkseinkommens hart miteinander ringen? Wir werden nachweisen, daß dieser Kampf ein Schaukampf ist, ein düsteres Zeremoniell von nicht mehr begründeten Verhaltensgewohnheiten, ein eingeübtes Spiel mit verteilten Rollen, dessen Realitätsbezug in entwickelten Volkswirtschaften völlig dahingeschwunden ist.

Freilich gibt es in der freien Gesellschaft noch den Kampf, aber nicht mehr auf der Ebene „hie Kapital, hie Arbeit". Für die freie Gesellschaft ist und bleibt konstitutiv der Wettkampf um die bessere Leistung. Diesen Wettkampf, Wettbewerb genannt, tragen die Unternehmer untereinander aus, in gewissem Maß auch die Arbeiter untereinander. Dieser Wettkampf um die bessere Leistung kann sich aber durchaus in fairen, dem Sport ähnlichen Formen abspielen. Auf dieser Ebene ist Kampf, ist das Bemühen, die anderen zu übertreffen, sinnvoll und schöpferisch. Nutzen wir unseren Kampfgeist (der ja auch im Menschen angelegt ist) auf diesen sinnvollen Wettkampf, statt ihn in sinnleer gewordenem Klassenkampf zu verzetteln.

Einkommensarten

In der freiheitlichen Wirtschaftsordnung gibt es drei Arten von Einkommen:

1. Arbeitslohn (Löhne und Gehälter, kalkulatorischer Unternehmerlohn),
2. Zins (einschließlich Bodenrente),
3. Unternehmergewinn.

Nach einem altsozialistischen Grundsatz, dem man eine gewisse ethische Würde nicht absprechen kann, verleiht nur persönliche Leistung legitimen Anspruch auf Einkommen. Legitim ist also in erster Linie das Arbeitseinkommen, vor allem in Form des Arbeitslohns der Arbeitnehmer. Konsequenterweise kann der Sozialismus aber auch den Unternehmerlohn, das ist der auf fungible Arbeit des Unternehmenseigners (z. B. des Bauern, des selbständigen Handwerkers, des freiberuflich Tätigen) entfallende, nur rechnerisch schätzbare Teil des Unternehmereinkommens nicht beanstanden.

Gegenstand sozialistischer Kritik ist hingegen der „Profit". Er wird als Ausbeutergewinn, als unverdientes „arbeitsloses" Einkommen verworfen. Der Ausdruck Profit entstammt der klassischen Volkswirtschaftslehre und ist besonders durch Karl Marx populär geworden. In den Augen der entwickelten Volkswirtschaftslehre ist Profit ein schwammiger Begriff, ein Kompositum, das sich aus zwei heterogenen Bestandteilen, dem Eigenkapitalzins und dem Unternehmergewinn, zusammensetzt. Um zu einer objektiven Analyse zu kommen, müssen wir den Profit in seine beiden Bestandteile aufspalten, d. h. Zins und Unternehmergewinn je für sich beurteilen.

Arbeitsloses Einkommen im eigentlichen Sinn ist nur der Zins, sowohl Zins für das Eigenkapital der Unternehmungen wie für die Schuldforderungen der Gläubiger. Unternehmergewinn hingegen ist immerhin das Entgelt für unternehmerische Leistung, die unter bestimmten Voraussetzungen (insbesondere Wettbewerb) eine positive, für die Gesellschaft sehr nützliche Leistung ist. Die Einkommensart Unternehmergewinn fällt also nicht mehr unter das sozialistische Verdikt des arbeitslosen Einkommens.

Gegen die Einkommensart Zins sind seit 150 Jahren immer wieder Weltverbesserer der verschiedensten Provenienz zu Felde gezogen. Manche von ihnen stützen sich dabei auf das kirchliche Zinsverbot des Mittelalters: „Seht, die Kirche hat das Zinsnehmen für unvereinbar mit der christlichen Sittenlehre erklärt. Wenn sie heute den Zins wieder anerkennt, so zeigt sie damit nur, daß sie sich von der reinen Lehre des Christentums abgekehrt hat." Wir werden sehen, daß diese Argumentation falsch ist und leicht widerlegt werden kann.

Was ist der Zins?

Zins ist der Überschuß, der – eventuell – übrigbleibt, wenn man am Nutzung*preis*, den der Markt den Kapitalgütern (z. B. Maschinen) zuspricht, die Kapitalnutzungs*kosten*, d. h. die Abschreibungen, abzieht. Das Mittelalter und die ihm folgenden Jahrhunderte (bis zur industriellen Revolution) war mit Kapitalgütern – den wenigen, die dem damaligen bescheidenen Stande des technischen Wissens und Könnens entsprachen – praktisch gesättigt. Es entstand gar kein solcher Überschuß. Der Kapitalnutzungspreis war auf die Kapitalnutzungskosten geschrumpft. Der Marktzinsfuß war *rite* auf Null gesunken.

Heute hingegen ist die Wirtschaft weit vom Zustand der Kapitalsättigung entfernt, und jede technische Erfindung rückt die Sättigungsgrenze (vorerst noch) immer weiter hinaus. Heute kann der Güterertrag der Produktion durch Mehreinsatz von Kapital immer noch beträchtlich gesteigert werden. Gemessen an seiner Sättigungsmenge ist das Kapital ein „knappes" Gut, dessen Nutzungen auf dem Markt einen Knappheitspreis erzielen, – einen Preis, der über den Nutzungskosten (Abschreibungen) liegt. Darum ist der Marktzinsfuß heute eine von Null verschiedene positive Größe. Durch Konsumverzicht Kapital bilden ist ein der Gesellschaft nützliches Verhalten, und daher spricht der Markt als Wertrichter dem Sparer und Kapital-Erhalter eine Belohnung, ein Entgelt in Form des Zinses zu.

Steht also der marktwirtschaftliche Verteilungsprozeß in unüberbrückbarem Gegensatz zu dem – fraglos ehrwürdigen und diskutablen – Verteilungsprinzip des Sozialismus, nach welchem nur persönliche Leistung Anspruch auf Einkommen begründen kann?

Nein, denn dieser zwar heute noch bestehende Gegensatz kann durchaus überwunden werden, nämlich – durch gleichmäßige Streuung des Volksvermögens, also durch die Verwirklichung eines sozialpolitischen Zieles, zu dem der BKU sich seit dem Tage seiner Gründung bekennt, das aber inzwischen auch Gemeingut aller politischen Parteien unseres Landes geworden ist.

Denn: Einfluß auf die Einkommensverteilung hat der Zins nur solange die Vermögen ungleichmäßig gestreut sind. Ist einmal – wie wir es erstreben – jede mündige Person Eigner eines Vermögens in durchschnittlicher Höhe, so empfängt ein jeder aus der Rendite seines Vermögens ebenso viel an Zinseinkommen, wie er in seinen Güterkäufen an Zinskosten verausgabt. Zins ist dann nur noch ein durchlaufender Posten ohne Verteilungsrelevanz.

Wir stoßen hier – zum ersten Mal – auf die erfreuliche Tatsache, daß ein kompromißlos-sozialistischer Grundsatz vollauf mit freiheitlich-marktwirtschaftlicher Ordnung vereinbar und verträglich ist. Im Folgenden werden wir weitere vermeintliche „Klassengegensätze" aufs Korn nehmen und dartun, daß sie entweder nur Schein sind oder daß sie im Rahmen der marktwirtschaftlichen Ordnung überwunden werden können.

Der Unternehmergewinn

Es verbleibt uns noch, zu untersuchen, wie sich die dritte Einkommensart, der Unternehmergewinn, in eine gerechte Gesellschaftsordnung einordnet. Wir sahen bereits, daß der Unternehmergewinn *prima facie* als Leistungseinkommen, nämlich als Entgelt für die – überwiegend positiv zu wertende – unternehmerische Leistung verstanden werden kann. Aber mit diesem globalen Urteil dürfen wir uns noch nicht zufriedengeben.

Auch wenn wir festgestellt haben, daß Unternehmergewinn Entgelt für wertvolle gesellschaftliche Leistung ist, bleibt die Frage offen, ob dieses Entgelt nicht unangemessen hoch ist. Von der Höhe der Unternehmergewinne haben nicht nur die neue Linke, sondern offenkundig auch weitere, schlecht informierte Teile der öffentlichen Meinung phantastische Vorstellungen. Man hält die Unternehmergewinne für eine riesige, schier unerschöpfliche Operationsmasse, von der sich sowohl der Steuerfiskus wie die Sozialpolitiker ruhig immer dickere Scheiben abschneiden könnten und sollten.

Karl Marx hat – durchaus zutreffend – das „Gesetz von der sinkenden Profitrate" ausgesprochen. In der Tat, in den Anfängen der industriellen Entwicklung war und ist die Quote der Unternehmergewinn-Summe im Volkseinkommen immer besonders hoch. Für die Industrieländer Westeuropas und für Nordamerika im 19. Jahrhundert können wir dies nur mutmaßen. Einschlägige statistische Erhebungen sind nie angestellt worden. Einen Hinweis geben uns aber die heutigen halb entwickelten Volkswirtschaften, die wir unmittelbar als Zeitgenossen beobachten können. Die Unternehmer Lateinamerikas z. B. erwarten und erzielen Gewinnquoten, die ein Vielfaches der in Westeuropa und Nordamerika üblichen ausmachen. In dem Maße wie die industrielle Wirtschaft sich entwickelt und stabilisiert, sinkt die Quote der Unternehmergewinne. Dazu tragen die verschiedensten Faktoren bei: die wachsende Quote der Arbeitnehmer, die zunehmende Macht der Gewerkschaften, die – trotz allen Geredes vom „Monopolkapitalismus" und von der Verbreitung monopoloider Marktformen

– zunehmende Härte des Wettbewerbs auf fast allen Märkten, die fortschreitende Rationalisierung des gesamten Wirtschaftsprozesses, der ständige technische Fortschritt.

Wie hoch ist heute etwa die Unternehmergewinnquote in den entwickelten Volkswirtschaften? Genau können wir es nicht sagen, denn bedauerlicherweise gibt es auch heute keine Gewinnstatistiken. Wir haben aber gute Gründe zu vermuten, daß die Unternehmergewinn-Summe heute in unserem Land nicht viel größer ist als sie unbedingt sein muß, um die Vollbeschäftigung zu ermöglichen und zu erhalten.

Bei dieser Feststellung müssen wir einen Augenblick verweilen: Tatsächlich ist in der freiheitlichen Wirtschaftsordnung der Zustand der Vollbeschäftigung nur dann möglich, wenn die Unternehmergewinn-Summe eine bestimmte Mindesthöhe erreicht. Das – durch Konjunkturpolitik beeinflußbare – Gewinn-Niveau muß so weit hochgeschleust werden, daß die kosten*un*günstigste Unternehmung, deren Nachfrage nach Arbeit noch erforderlich ist, um die Vollbeschäftigung zu erreichen, gerade noch mit einem Unternehmergewinn plus minus Null davonkommt, also Anlaß hat, im Markt zu verbleiben, ihre Produktion aufrechtzuerhalten und keine Beschäftigten zu entlassen. Alle anderen, kostengünstigeren Unternehmungen erzielen dann also positiven Gewinn, je nach Kostenlage (und Marktstellung) mehr oder weniger. Wir müssen uns mit der an sich erstaunlichen, kreislauftheoretisch bewiesenen Tatsache vertraut machen: Die Gesamtsumme der Unternehmergewinne ist vorweg durch makro-ökonomische Daten determiniert, und zwar:

– durch den Überschuß der Investitionen über das Geldsparen aller Haushalte und Unternehmungen,
– durch den Überschuß der Staatsausgaben über die Staatseinnahmen (Steueraufkommen),

– durch den Aktivsaldo der Leistungsbilanz vermindert um den einseitigen Geldtransfer ins Ausland.

In die so determinierte Unternehmergewinn-Summe teilen sich dann die Unternehmungen nach Maßgabe ihres Markterfolgs.

Die unterschiedliche Kostenlage der Unternehmungen, die ein gewisses Minimum an Unternehmergewinn zur Voraussetzung für die Vollbeschäftigung macht, ist – entgegen der Meinung der Neoklassiker – Dauerzustand der sich entwickelnden, durch technischen Fortschritt vorangetriebenen Wirtschaft. Das liegt letztlich daran, daß Sachkapital nicht schon im Investitionsjahr voll abgeschrieben werden kann, sondern eine Reihe von Jahren genutzt werden muß. Stets und ständig haben die brandneuen, gerade frisch investierten Produktionsanlagen einen Kostenvorsprung vor den älteren.

Vollbeschäftigung ist das Postulat einer jeden Wirtschafts- und Gesellschaftsordnung. In einer Ordnung, die nicht die Vollbeschäftigung erreicht und auf Dauer erhält, kann sich der Sozialtypus Arbeitnehmer, der immerhin die überwältigende Mehrheit der demokratischen Wählerstimmen stellt, nicht wohl und heimisch fühlen.

In bezug auf die Vollbeschäftigung stimmen die Interessen der Arbeitnehmer wiederum vollständig mit denen der Unternehmer überein. Denn in der Sicht auch des nur eigennützigen Unternehmers bedeutet Vollbeschäftigung ja zugleich auch maximale Ausnutzung der vorhandenen Produktionskapazitäten, geregelten Geschäftsgang und gewinnträchtige, mindestens kostendeckende Preise. Vollbeschäftigung – für die Arbeitnehmer – ist dasselbe wie Vollkonjunktur für die Unternehmer. Nur eine Minderheit von törichten Unternehmern kann dem Glauben anhängen, „ein bißchen Arbeitslosigkeit könne nichts schaden".

Vollbeschäftigungspolitik, Konjunkturpolitik und

Globalsteuerung der Wirtschaft sind synonyme Ausdrücke, die alle dasselbe bedeuten, nämlich rationale Wirtschaft bei gerechter Verteilung. Wir streben nach „gleichgewichtigem Wachstum", d. h. nach einem Entwicklungsprozeß, der die beiden Gemeinwohlpostulate Vollbeschäftigung und Geldwertstabilität gleichzeitig erfüllt.

Gegen die Behauptung, der Gewinn sei das angemessene Entgelt für unternehmerische Leistung, also doch auch eine Art *Leistungs*-Einkommen, wird geltend gemacht, daß der Gewinn zwar auf unternehmerische Kreativität zurückgeführt werden kann, in seiner Absoluthöhe aber der Größe des Unternehmens, d. h. seiner Kapazität oder seinem Umsatz proportional ist, was zur Folge hat, daß dieselbe schöpferische Idee in einem Kleinunternehmen mit einem Gewinn von einigen tausend DM, in einem Großunternehmen jedoch mit einem Gewinn von einigen Millionen DM belohnt wird.

Dieser Einwand ist nur zum Teil berechtigt. Er wird noch entkräftet durch die Tatsache, daß Großunternehmen in der Rechtsform der Aktiengesellschaft organisiert sind und in aller Regel einer Vielzahl von Aktionären (bis hinunter zum Kleinaktionär) gehören, die allesamt am Gewinn partizipieren. Der hohe Gewinn geht also personell in viele Teile. Die Aktie ist somit das Instrument, das es auch dem Nichtunternehmer ermöglicht, Teile der Einkommensart Unternehmergewinn (über den Zins hinaus) an sich zu ziehen. Durch die Aktie wird die Kategorie Gewinn breit gestreut und „demokratisiert". Ein Rest von Unternehmerfunktion, nämlich das Risikotragen und Haftenmüssen, bleibt unweigerlich auf den Schultern der Aktionäre liegen, auch wenn sie darauf verzichten, über Generalversammlung und Aufsichtsrat auf die unternehmerischen Entscheidungen Einfluß zu nehmen.

Wir halten fest, über die Höhe der tatsächlich erzielten Gewinne in Vergleich etwa zur Lohnsumme der Arbeitnehmer macht sich die breite Öffentlichkeit maßlos übertriebene Vorstellungen. Suchen wir zu ergründen, was die Statistik über den Anteil der Unternehmergewinne am gesamten Volkseinkommen aussagt. Unmittelbar sagt die Statistik hierzu nichts, denn eine eigentliche Gewinnstatistik gibt es nicht. Verschiedene Autoren haben jedoch versucht, durch schätzende Berechnung der Größe der Gewinnquote im Volkseinkommen näherzukommen.

Aus der volkswirtschaftlichen Gesamtrechnung können wir unmittelbar nur das Aggregat „Einkommen aus Unternehmertätigkeit und Vermögen" entnehmen. In diesem Aggregat steckt jedoch außer dem Unternehmergewinn auch der gesamte Vermögenszins (an dem z. B. jeder Inhaber eines Sparkontos und jeder Eigner eines Eigenheims partizipiert) und der Unternehmerlohn. Der Gesamtbetrag des Unternehmerlohns – ohnehin nur eine kalkulatorische Größe – läßt sich jedoch recht gut abschätzen, indem wir für die von Unternehmenseignern und ihren mithelfenden Angehörigen geleistete fungible Arbeit mit dem Durchschnittseinkommen aller Arbeitnehmer (das die Statistik sehr genau ausweist) bewerten. Danach ergibt sich, ungefähr gleichbleibend für alle Jahre nach 1950, folgende Zusammensetzung des Volkseinkommens:

Löhne und Gehälter	67% des VE
Unternehmerlöhne	18% des VE
Arbeitseinkommen insgesamt	85% des VE
Vermögenszins und Unternehmergewinn („Besitzeinkommen")	15% des VE
Volkseinkommen	100%

Es ist bisher nicht in befriedigender Weise gelungen, das Aggregat „Besitzeinkommen" durch plausible Schätzung und Berechnung in seine beiden Komponenten Vermögenszins und Unternehmergewinn aufzuspalten. Nicht ganz verfehlt kann jedoch die Vermutung sein, daß auf beide Einkommensarten ungefähr die Hälfte der Gesamtquote von 15%, also je 7½% entfällt.

Das sind die realen Zahlen über die Zusammensetzung des Volkseinkommens. Man kann sie der breiten Öffentlichkeit nicht deutlich genug zur Kenntnis bringen. Sie räumen mit weit verbreiteten Mißverständnissen und Irrtümern auf und machen ein Großteil der vulgärökonomischen Dispute über die angebliche „Ungerechtigkeit des kapitalistischen Verteilungsprozesses" gegenstandslos. Nicht weniger als 85% des gesamten Volkseinkommens entfallen auf Arbeit, 67% auf die Arbeitnehmer (Arbeiter, Angestellte, Beamte), 18% auf die Arbeit der Selbständigen.

Nur die relativ kleine Quote von 15% (oder sogar weniger: für 1968 errechnete W. Krelle nur 13%!) entfällt auf Zins plus Unternehmergewinn, also auf „arbeitsloses Einkommen". Bis auf einen Rest von 15% hat also der entwickelte „Kapitalismus" – den wir aber wegen seines völligen Andersseins gegenüber dem klassischen Kapitalismus des 19. Jahrhunderts besser gar nicht mehr mit diesem Namen bezeichnen – die Idealforderung des frühen Sozialismus: „Nur persönliche Leistung verleiht Anspruch auf Einkommen", bereits erfüllt. Und wenn wir Ernst machen mit der Politik breit streuender Vermögensbildung, wenn also der Zinsgenuß aufhört, Privileg einer begrenzten Schicht zu sein, so dürfte der Posten „Zinseinkommen" auch dem Sozialisten nicht länger anstößig sein.

Zu der Einkommensart Unternehmergewinn, die, wie dargestellt, noch ganze 7–8% des Volkseinkommens – nicht mehr als die „natürliche" Lohnzuwachsrate von einem oder höchstens zwei Jahren – ausmacht, ist überdies zu sagen, daß der gesamte Unternehmergewinn gar nicht in Form baren Geldes, sondern bei gleichgewichtigem Wachstum vollständig in Form bereits getätigter Nettoinvestitionen (Zuwachs des Betriebsvermögens) – also als Motor des wirtschaftlichen Wachstums, als Garantie weiterer Lohnerhöhungen – anfällt. Das ist die einwandfreie Aussage der Geldkreislauf-Theorie. Auch der einzelne Unternehmer hat von „gläsernen Taschen", von gesteigerter Publizität seiner Kosten- und Ertragsrechnung ideologisch nichts zu befürchten. Er hat nichts zu verheimlichen, und die verbreitete Heimlichtuerei heizt nur die verstiegenen Vorstellungen der Vulgärdiskussion an.

Gewinn sollte nicht ideologisch verteufelt, sondern vernünftigerweise als notwendige Voraussetzung und Triebkraft zukünftiger Lohnerhöhungen gewertet werden. Denn: Die Gewinne von heute sind die Lohnerhöhungen von morgen. Arbeitnehmer und Gewerkschaften sind, wenn sie ihre Interessen richtig verstehen, an gewinnerzielenden Unternehmern interessiert. Von erfolglosen Unternehmern können sie keine Lohnerhöhungen erwarten.

Es besteht ein auffallendes Mißverhältnis zwischen der Bedeutung, die das Gewinn*streben* der Unternehmer als Motor des dynamischen Wirtschaftsprozesses hat, und dem Erfolg dieses Strebens, das sich in der Höhe der tatsächlich erzielten Gewinne manifestiert. Die Summe aller tatsächlich erzielten Unternehmergewinne ist – wie wir sahen – recht bescheiden. Im Ganzen des Volkseinkommens spielt der Unternehmergewinn nur eine untergeordnete Rolle (je nach Konjunkturlage vielleicht 6–9%). Das liegt daran, daß der Unternehmergewinn eine extrem kurzlebige Erscheinung ist. Hat ein Unternehmer durch Rationalisierung eine Gewinnlage erreicht, so verbleibt ihm diese nicht etwa auf Dauer, sondern nur so lange, bis der schwächste Konkurrent in der Rationalisierung nachgezogen hat. Ist dies der Fall, so wird der allen Konkurrenten gemeinsame Gewinn in der nächstfälligen Tarifverhandlung als Lohnerhöhung an die Arbeitnehmer weitergegeben. Das ist der Lauf der Dinge und durchaus in Ordnung, so schmerzlich diese Tatsache vom einzelnen Unternehmer auch empfunden werden mag. Gewinn ist auf Dauer immer nur die Belohnung für die *bessere* unternehmerische Leistung, *nicht* auch schon für die *gute* Leistung schlechthin. Insofern gleicht das Gewinnstreben ein wenig einem Wettlauf mit dem eigenen Schatten.

Schein und Wirklichkeit in der Lohnpolitik

Ist die Lohnhöhe, wie es der Anschein glauben macht, tatsächlich ein beständiger Zankapfel zwischen den Unternehmern einerseits und den Arbeitnehmern und ihren Gewerkschaften andererseits? Ist es nicht so, daß in der Lohnpolitik die Interessen der verschiedenen Gruppen am härtesten aufeinanderprallen? Ist es nicht so, daß in den Tarifverhandlungen die beiden Verhandlungspartner, die Vertreter der Arbeitgeber und der Arbeitnehmer, verbissen miteinander kämpfen? Wird dieses Ringen um Löhne und Arbeitsbedingungen nicht hie und da durch Streik und Aussperrung zum offenen Arbeitskampf hochgesteigert? Ist es angesichts dieser Tatsachen nicht reine Torheit, zu behaupten, es gebe in bezug auf die Lohnhöhe keinen Interessengegensatz zwischen den Unternehmern und den Gewerkschaften? Nein, nein, nein – die Wahrheit ist ganz anders. Der spektakuläre Lohnkampf ist weithin zu einem bloßen Schaukampf, zu einem dramatischen Gaukelspiel, zu einer gespielten Zeremonie geworden. Die Tarifpartner spielen ihre seit hundert Jahren eingeübten Rollen in einem erregenden Schaustück, sie inszenieren ein Kampfspiel um einen Konflikt, den es in Wahrheit gar nicht mehr gibt.

Denn in Wahrheit gibt es zu jedem Zeitpunkt *eine* und nur eine Lohnhöhe, die volkswirtschaftlich „richtig", d. h. für beide Kontrahenten des Lohnvertrags vorteilhaft ist. Und zwar ist es für beide Partner *die gleiche* Lohnhöhe, die jedem von ihnen den maximalen Vorteil verheißt. Das Richtmaß der Lohnpolitik, das von beiden Partnern – stillschweigend oder ausdrücklich – anerkannt wird, ist die Forderung: „Die Löhne sollen zu jeder Zeit so hoch sein wie möglich", wobei das Maß des Möglichen gesetzt wird durch die Postulate des gleichgewichtigen Wachstums: Vollbeschäftigung und stabiler Geldwert (konstantes Preisniveau). An der Erfüllung dieser Gemeinwohlpostulate sind beide Partner gleichermaßen interessiert.

Die moderne kreislaufanalytische Wirtschaftslehre weist klar und deutlich nach: Wenn wir zu den objektiven Ist-Daten der Volkswirtschaft auch noch die beiden Postulate des Gemeinwohls (Vollbeschäftigung und stabiler Geldwert) als Soll-Daten hinzunehmen, so ist das Lohnniveau nicht mehr beliebig, sondern in engen Grenzen *eindeutig determiniert*. „Machbar" durch Machtentfaltung, Verhandlungsgeschick, Zähigkeit, Überredungskunst, Streikdrohung und Streik ist nur das Nominallohn-Niveau. Das Reallohn-Niveau, d. h. das Lohnniveau bei konstantem Preisniveau ist hingegen eine zu jedem Zeitpunkt fest vorgegebene Größe, an der kein Machtkampf etwas ändern kann.

Freilich ist das Lohnniveau nicht der einzige Faktor, der auf Geldwert und Beschäftigungsgrad einwirkt. Gleichgewichtiges Wachstum bedingt – außer dem „richtigen" Lohnniveau – auch noch ein „richtiges" Zusammenspiel etlicher anderer Faktoren, nämlich der folgenden:

1. Investitionsausgaben der Unternehmungen,
2. Sparleistung aller Geldsparer, insbesondere der privaten Haushalte,
3. Ausgaben des Staates (der öffentlichen Hände),
4. Steueraufkommen,
5. Saldo der Leistungsbilanz gegenüber dem Ausland, abzüglich Saldo des einseitigen Geldtransfers zwischen Inland und Ausland.

Alle diese Faktoren sind, teils mehr, teils weniger, der wirtschaftlichen Einwirkung, d. h. der Willensentscheidung der Beteiligten zugänglich. Das Auffinden des „richtigen" Lohnniveaus ist aber von allen diesen wirtschaftspolitischen Entscheidungen die schwierigste und verantwortungsvollste. Lohnpolitik ist tatsächlich „autonom" in dem Sinne, daß ein fehlgegriffenes – zu hohes oder zu niedriges – Lohnniveau nicht durch entsprechende Veränderung von einem oder mehreren der oben aufgeführten fünf Faktoren kompensiert werden kann. Die Globalsteuerung der Wirtschaft zerfällt also in deutlich unterscheidbare zwei Teile: erstens – Auffinden und Realisieren des „richtigen" Lohnniveaus; zweitens – gegenseitige kompensierende Abstimmung der übrigen fünf Faktoren. Denn diese fünf übrigen Faktoren sind durch die Postulate des gleichgewichtigen Wachstums *nicht*, jedes für sich, determiniert. Sie hängen vielmehr nur durch eine lockere Verbundbeziehung voneinander ab, derart, daß ein Mehr des einen Faktors durch ein Mehr bzw. Weniger eines anderen oder mehrerer anderer kompensiert werden kann. Einzig das Lohnniveau ist ein Einzelgänger: es ist für sich allein eindeutig determiniert und nicht kompensierbar.
Um ein gleichgewichtiges Zusammenspiel aller Kräfte, die Ansprüche an das Sozialprodukt stellen, auf demokratisch-pluralistische Weise zu ermöglichen, ist die „konzertierte Aktion" ins Leben gerufen worden. In

ihr sind zur Zeit die Unternehmer (in ihrer doppelten Eigenschaft als Lohnzahler und Investoren), die Gewerkschaften, der Staat und die Bundesbank vertreten. In ihrem heutigen Wirkungsbereich ist die konzertierte Aktion natürlich nur eine blasse Vorahnung dessen, was sie einmal wird leisten können und sollen.

Zurück zum Lohnproblem. Wir sahen: Es gibt zu jedem Zeitpunkt ein Lohnniveau (d. h. eine durchschnittliche Lohnhöhe), das „richtig", mit den Postulaten der Vollbeschäftigung und des stabilen Geldwerts verträglich ist. Aber leider stellt sich dieses richtige Lohnniveau nicht selber vor. Wir können es nicht einfach an irgendwelchen eindeutigen Meßgrößen ablesen. Es kann vielmehr nur auf recht komplizierte Weise nach ökonometrischen Methoden berechnet werden. Über die richtige Methode dieser Berechnung sind sich die verschiedenen wirtschaftswissenschaftlichen Institute unseres Landes keineswegs einig. So präsentieren heute die verschiedenen Gruppen – der Bundeswirtschaftsminister, die fünf Sachverständigen, die Unternehmer und die Gewerkschaften – sogenannte Lohnleitlinien, die sich in ihrer Höhe nicht wenig voneinander unterscheiden.

Aber das sind Schwierigkeiten und Mißhelligkeiten wie sie jeder große Neubeginn mit sich bringt, Kinderkrankheiten einer guten Sache, die sich bei gutem Willen und mit verfeinerten Methoden der Wirtschaftsrechnung und Prognostik überwinden lassen. Die Fachleute der verschiedenen Wirtschaftsforschungsstellen, zumeist anerkannte Wissenschaftler, sollten imstande sein, sich ehrlich zusammenzuraufen und sich auf eine gemeinsame, optimale Berechnungsmethode zu einigen. Zu dieser Hoffnung berechtigt uns die Tatsache, daß die allen Methoden zugrunde liegende Wirtschaftstheorie in ihren Kernaussagen weithin Gemeingut aller ist, sie ist in hohem Grad objektiv und frei von ideologischen Komponenten, kann (und muß) also auch von Interessenvertretern anerkannt werden. Auch über das kleine Einmaleins gibt es ja keinen Meinungsstreit.

Eines aber steht schon heute fest: Das Auffinden des richtigen, gemeinwohlgerechten Lohnniveaus ist eher eine Angelegenheit nüchtern rechnender Statistiker und Wirtschaftsforscher als Sache des Parteienkampfs unter kampferprobten Matadoren der Tarifverhandlungen. Wenn die Tarifpartner sich auf das „richtige" Lohnniveau einigen, so war dies in der Vergangenheit mehr oder weniger Glückszufall oder allenfalls Auswirkung guten Instinkts. Wo uns aber die Wissenschaft solidere Methoden der Lohnfindung anbietet, sollten wir uns nicht auf so unsichere Bestimmungskräfte wie Zufall oder Instinkt verlassen. Dafür steht zu viel auf dem Spiel. Tatsächlich war das von den Tarifpartnern ausgehandelte Lohnniveau (zumindest nach 1967) öfters arg fehlgegriffen: manchmal „zu niedrig", manchmal „zu hoch".

Der soziale Friede ist gesichert, wenn beide Partner des Arbeitsvertrags zu erkennen vermögen, wo ihr wahrer Vorteil sowohl kurzfristig wie erst recht langfristig zu suchen ist. Haben beide Partner ausreichende Einsicht in die Kausalzusammenhänge des wirtschaftlichen Geschehens, so erkennen sie beide, daß der Vorteil des einen genau den gleichen Bedingungen untersteht wie der Vorteil des anderen, nämlich den Bedingungen des gleichgewichtigen Wachstums. Eine dieser Bedingungen – notwendig, wenn auch noch nicht hinreichend – ist das gleichgewichtige Lohnniveau, jenes Lohnniveau, das „so hoch wie möglich" ist, dabei aber die beiden Gemeinwohlpostulate der Vollbeschäftigung und des stabilen Geldwerts respektiert. Beide Partner zehren an demselben Vorteil: Der Vorteil des einen ist zugleich der Vorteil des anderen. „Vorteil wird es fortan nur noch geben als Teilhabe am gemeinsamen Vorteil aller", – so lautete das seherische Wort von Franz Greiß.

Unternehmer und Arbeitnehmer sitzen in *einem* Boot; dieser Satz klingt wie eine Plattitüde, ist aber erregende Wahrheit. Bessere Information, vertiefte Einsicht in die Zusammenhänge begünstigen den sozialen Frieden, ja sie zwingen ihn herbei. Sozialer Friede ist nach den Maßstäben der Logik der Normalzustand der Gesellschaft. Der Konflikt ist die Ausnahmesituation und das Zeugnis intellektueller Unzulänglichkeit des einen oder anderen Partners, oder beider. Die bösartigste Wirkung des Konflikts ist sein stark ansteckender Charakter. Konstatiert der eine Partner den Konflikt, so wird er beinahe zwangsläufig auch dem anderen suggeriert und aufgezwungen. Denn Druck erzeugt Gegendruck. Deshalb leben wir weiterhin, obwohl die Tatsachen dies längst nicht mehr begründen, unter der Vorstellung, der soziale Konflikt sei unvermeidlich. Ja manche behaupten, im Konflikt steckten positive, schöpferische Kräfte. Das ist die moderne Variante zu dem alten Glaubenssatz der Imperialisten: „Der Krieg ist der Vater aller Dinge". Sollen wir diese Irrlehre nachbeten? Sollten wir es nicht einmal mit dem Gegenteil, mit dem sozialen Frieden, mit der vorteilsbewußten Kooperation versuchen? Da zur Zeit einer dem andern den Konflikt suggeriert und aufzwingt, stecken wir in einem circulus vitiosus. Wir müssen diesen Zwangslauf beherzt durchbrechen. Einer muß den Anfang machen. Warum sollten es nicht die Unternehmer sein?

Nicht der soziale Konflikt ist schöpferisch, sondern der Wettbewerb um die bessere Leistung. Aber dieser Wettbewerb spielt sich nicht zwischen den sozialen „Klassen", sondern nur innerhalb der sozialen Klassen ab: zwischen den Unternehmern untereinander und zwischen den Arbeitnehmern untereinander. Der Wettbewerb ist unverzichtbare Triebkraft des wirtschaftlichen, sozialen und kulturellen Fortschritts. Aber auch die Erscheinungsformen des Wettbewerbs können und sollten gebändigt und auf ein kulturbewußtes Maß reduziert werden.

Bei gleichgewichtigem Wachstum ist die Unternehmergewinnsumme „so klein wie möglich", d. h. so klein wie gerade noch mit Vollbeschäftigung verträglich. Die Unternehmer der entwickelten Volkswirtschaften haben sich auf dieses Minimum ihrer Gewinnchancen eingestellt und sind entschlossen, unter diesen Minimum-Bedingungen fröhlich weiter zu existieren. Die neue Linke spricht weiterhin von „Ausbeutung" der Arbeiter. Wer erfahren will, was die Wahrheit ist, braucht nur das Statistische Jahrbuch 1971 zu lesen.

Ein Testfall: Die zwei Arten der Mitbestimmung

Testfall für das erneute Hineinschlittern der öffentlichen Diskussion in die Denkgewohnheiten des obsoleten Klassenkampfdenkens ist die Art und Weise, wie heute der Begriff der Mitbestimmung von vielen, vielleicht von den meisten verstanden wird.

Es gibt zwei grundverschiedene Arten, Aspekte, Konzepte der Mitbestimmung: die *konfrontatorische* und die *partnerschaftliche* Mitbestimmung. Die konfrontatorische Mitbestimmung unterstellt einen permanenten Spannungs- und Kampfzustand zwischen den Arbeitnehmern und der Geschäftsleitung, ein ständiges Gegeneinanderstehen. Sie siedelt den Unternehmer auf der einen und die Belegschaft auf der andern Seite eines tiefen Grabens vermeintlicher Interessengegensätze an. Sie hält die Kampfsituation für gegeben und unvermeidlich. Sie zementiert die Fronten. Die konfrontatorische Mitbestimmung spricht den Arbeitnehmern kraft Gesetzes Rechte zu, die sie vor willkürlicher Machtausübung der Geschäftsleitung schützen sollen. Sie will die unternehmerischen Entscheidungen, von denen a priori angenommen wird, daß sie die Belegschaft in Nachteil setzen, beeinflussen und zugunsten der Belegschaft korrigieren oder sie im Extremfall überhaupt verhindern.

Die tatsächliche Vitalsituation des mündigen Arbeitnehmers im Betrieb ist jedoch dadurch gekennzeichnet, daß er sich primär nicht *mehr Machtbefugnisse,* sondern *mehr Verantwortungen,* nicht primär *mehr Rechte,* sondern *mehr Pflichten, mehr Aufgaben* wünscht. Dabei zieht ein Mehr an Aufgaben automatisch auch ein Mehr an Rechten, erweiterte Verantwortung ein Mehr an Befugnissen nach sich. Denn Rechte und Pflichten, Befugnisse und Verantwortungen sind nur jeweils die beiden Seiten derselben Medaille. Der Arbeitnehmer leidet an dem allzu engen, nicht selten ganz fehlenden Freiheitsraum der Selbstgestaltung seiner betrieblichen Arbeit. Freiheit bedeutet nichts anderes als mehr Verantwortung, und diese impliziert dann von selbst auch größere Befugnisse.

Der mündige und geistig regsame Arbeitnehmer will nicht nur Befehle ausführen, er will zumindest an einem Zipfel vom geistig-schöpferischen Element des Wirtschaftsprozesses, d. h. an der Unternehmerfunktion teilhaben.

So empfinden und handeln kann natürlich nur *der* Arbeitnehmer, der sich mit den Zielen und Zwecken der Unternehmung identifiziert, und dies vermag wieder nur der, der eingesehen und erfahren hat, daß die Interessen der Arbeitnehmer und die der Unternehmensleitung in ihrem Grundbestand gleichgerichtet sind, daß nicht der Konflikt, sondern die Interessenharmonie zwischen Belegschaft und Unternehmensleitung der Normalzustand der sozialen Beziehungen im Betrieb ist. Mitbestimmung auf Grund erweiterter Verantwortung für das gemeinsame Unternehmensziel im Geiste des friedlichen Zusammenwirkens aller am Betriebsgeschehen beteiligten Kräfte –, das ist der Sinn der *partnerschaftlichen* Mitbestimmung.

Wenn im Grundsatzprogramm des BKU „die Mitbestimmung" aufrichtig bejaht wird, so ist – wie aus dem Kontext klar hervorgeht – primär die partnerschaftliche Mitbestimmung auf der Grundlage des Konsenses über den Betriebszweck gemeint. Allein die partnerschaftliche Mitbestimmung ist schöpferisch, dynamisch und produktiv, sie allein produziert Menschenglück, Sinnerfüllung des Arbeitslebens, innere Befriedigung an den beruflichen Aufgaben, – und zugleich größeren Ertrag.

Auch die konfrontatorische Mitbestimmung, die sich in einem Katalog von Rechten der Arbeitnehmer und ihrer gewählten Sachwalter niederschlägt, braucht nicht abgelehnt zu werden, solange sie die Entfaltung des Partnerschaftsdenkens nicht behindert. Aber sie ist – für sich allein genommen – steril, statisch, unschöpferisch. Ihre Bedeutung für den Arbeitnehmer ist mehr die einer Hintergrundsmacht, die – auch ohne in Aktion zu treten, allein durch ihr Vorhandensein – den Arbeitnehmer gegen etwaige willkürliche Maßnahmen seiner Vorgesetzten schützt. In Aktion zu treten braucht sie nur in den (seltenen) Fällen, in denen tatsächlich eine Interessendivergenz, ein Konflikt zwischen Arbeitnehmern und Unternehmensleitung entsteht. Diese Konfliktfälle sind schon heute nur noch Randerscheinungen, die das Gesamtbild der Interessenharmonie nur wenig verändern. Sie werden noch seltener werden in dem Maße, wie die sachkundige Aufklärung und Information sowohl der Arbeitnehmer wie ihrer Vorgesetzten auf allen Stufen erweitert und verfeinert wird. Die Unternehmensleiter haben es weithin selbst in der Hand, ihre Mitarbeiter für den Geist der Partnerschaft zu gewinnen: durch breiten Informationsstrom von oben nach unten und

von unten nach oben. Mit den sogenannten Geschäfts-
geheimnissen, die man angeblich nicht preisgeben
kann, wird oft ein ungerechtfertigter Kult getrieben.
Von den viel besprochenen „gläsernen Taschen", vom
Spiel mit offen aufgedeckten Karten hat der sozial
aufrichtige Unternehmer mehr zu gewinnen als zu
verlieren. Der Aufklärung über die wirklichen Sach-
verhalte des Wirtschaftsprozesses bedarf der Unternehmer nicht weniger als der Arbeitnehmer. Diese
Aufklärung „nach innen" ist ein wesentlicher Teil der
irenischen Aufgabe des BKU.

Der Verfasser

Wilfrid Schreiber, geboren in Brüssel 1904, war nach einem umfassenden Studium der Geistes- und Naturwissenschaften an den Universitäten Köln und Bonn sowie an den Technischen Hochschulen Aachen und München ab 1927 als Schriftsteller, Journalist und Rundfunk-Programmgestalter tätig. 1949 wurde er Sekretär, später wissenschaftlicher Berater des Bundes Katholischer Unternehmer. Seit 1955 lehrt er Wirtschaftstheorie, Sozialpolitik und Statistik an der Universität Bonn. 1960 wurde er auf den Lehrstuhl für Sozialpolitik an der Universität Köln berufen. Gestorben am 23. Juni 1975 in Köln.

Buchpublikationen (Auswahl):

Sozialenquête 1966 (Schreiber war einer der 5 Autoren)

Soziale Ordnungspolitik heute und morgen, Köln 1968

Ein analytisch-numerisches Gesamt-Modell der Volkswirtschaft als Hilfsmittel der Wachstums-, Konjunktur- und Lohntheorie, Köln und Opladen 1970

Zum System sozialer Sicherung, Köln 1971

Sozialpolitische Perspektiven, Köln 1972

Soziale Sicherheit, Herausgeber: B. Külp und Wilfrid Schreiber, Köln 1971

Bisher erschienen in der Reihe des BKU

„Beiträge zur Gesellschaftspolitik"

1 Wilhelm Weber:
Kapitalismus und Unternehmer in katholischer
Sicht
(vergriffen)

2 Wilfrid Schreiber:
Die gesellschaftlichen Funktionen des Unternehmergewinns
(vergriffen)

3 Johannes Messner:
Das Unternehmerbild in der katholischen Soziallehre

4 Joseph Höffner:
Die christliche Heilsbotschaft – Richtmaß des
Sozialen

5 Wilhelm Weber:
Christliche Soziallehre vor einer zukunftsorientierten Gesellschaftspolitik
(vergriffen)

6 Engelbert van de Loo:
Freie Wirtschaft im sozialen Staat
(vergriffen)

7 Friedrich Graf von Westphalen:
Gefahren des Anarchismus
(vergriffen)

8 Grundsatz- und Aktionsprogramm des BKU
(vergriffen)

Die „Beiträge zur Gesellschaftspolitik" können von der Geschäftsstelle des Bundes Katholischer Unternehmer, Dürener Str. 387, 5000 Köln 41, bezogen werden.